Ich liebe Steinböcke

aus der Reihe

I ♥

Umschlag: Jutta Schneider
Titelbild: Brian Bagnall
Satz: Fotosatz Geiß, D-8039 Puchheim
Printed in Italy,
ISBN 3-8231-0759-3

Ich liebe Steinböcke

von Günter Stein

Illustriert

von Brian Bagnall

TOMUS VERLAG MÜNCHEN

0
Viel Vergnügen!

Der Unterhaltungswert der Astrologie ist unbestritten. Selbst all diejenigen, die es für unmöglich erachten, daß bestimmte Konstellationen von Himmelskörpern ihr Schicksal zu beeinflussen vermögen, können sich in der Regel das Vergnügen nicht versagen, ihrem Horoskop gewisse Aufmerksamkeit zu schenken. Schließlich könnte ja doch etwas dran sein an all den Prognosen, die eine Deutung der Zukunft versuchen. Wie bei einer Wettervorhersage. Mit dem Unterschied, daß die Meteorologen es noch schwerer haben, weil ihre Aussage tagtäglich anhand untrüglicher Symptome wie Regen, Sonnenschein oder Schnee überprüft werden kann. Deshalb brauchen sie ein Hochschulstudium.

Astrologen haben keine Chance, mit Hilfe akademischer Weihen ihr Ansehen zu heben und auf diese Weise die Glaubwürdigkeit ihrer Berechnungen zu verbessern. Die Hilfskonstruktionen, mit denen sie ihrer Lehre bestimmte Gesetzmäßigkeiten zu unterstellen versuchen, ähneln zwar denen anerkannter Disziplinen, ernten dennoch nichts als Hohn und Spott.

Und nun erscheint auch noch diese Buchreihe! Astro-Logisches. Astrologische Aussage für Aussage wörtlich genommen. Und persifliert. Eines darf ich Ihnen, der Leserin, dem Leser, versichern, was sonst kein Verleger einer astrologischen Buchreihe tun darf, will er nicht gleich all das, was er publiziert, in Frage stellen:

Kein Wort von dem, was Sie auf den folgenden Seiten lesen, ist wahr. Nur zum Lachen. C.J. Frank

EUROPA
80
DEUTSCHE BUNDESPOST
JOHANN SEBASTIAN
1685 · BACH · 1750
Steinbach!!

Inhalt

KORN

1
Ein Korn von Capri

Daß die Astrologie lange vor unserer Zeitrechnung im babylonischen Mesopotamien entstanden ist, wissen wir. Was wir indes nicht wissen — bzw. bislang nicht wußten —, das sind die genauen Hintergründe über die Entstehung der einzelnen Tierkreiszeichen.

Doch hier sind wir in letzter Zeit erheblich weitergekommen. Denn seit dem Auftauchen der geheimen Papiere des ägyptischen Königs Nechepso sind wir auch über diesen vielleicht wichtigsten Teil der Astrologie bestens informiert.

Nechepsos Geheimschriften hatten ja ein recht eigenartiges Schicksal. So wollte einen Teil davon der 'Stern' unter dem Titel »Hitlers Tagebücher« herausbringen, stellte aber in letzter Sekunde fest, daß darin Sätze vorkamen wie »... und König Aradiu'nke schlich nachts durch die Gänge seines Palasts und suchte nach der Flasche mit dem Hörnerkopf, doch die Königin wartete hinter einer Säule und schrie 'Ha!'« Bei diesem Satz stutzten die Professoren, die als Sachverständige hinzugezogen worden waren, und meinten, dies könne unmöglich von Hitler stammen, vor allem schon deshalb nicht, weil Hitler niemals Hieroglyphen bei seinen Notizen verwendet habe.

Probleme mit Alkohol

So wurde das ganze Unternehmen in letzter Sekunde abgeblasen, und alle meinten völlig zu Recht: Mein Gott, was wäre wohl passiert, wenn wir das als Hitlers Tagebücher hätten erscheinen lassen, nicht auszudenken! Tatsächlich war die bedeutende Illustrierte haarscharf an einem Skandal vorbeigekommen.

Das ändert aber nichts daran, daß gerade die Papiere über das Entstehen des Steinbocks (und aus diesen stammt der oben zitierte Satz) außerordentlich interessant gewesen wären, da sie ein Problem zum Inhalt haben, das auch heute noch viele Ehepaare zu Gegnern werden läßt. Wir meinen den Alkohol.

Deshalb sei der Inhalt dieses Kapitels über den Steinbock hier in geraffter Form wiedergegeben.

Also: König Aradiu'nke (zu deutsch: »Der sich ab und zu mal einen Tropfen Gönnende«) war alles andere als ein Freund von antialkoholischen Getränken. Damit stand er zwar nicht allein in jener Zeit, denn Freitag abends beispielsweise war ganz Babylon blau, aber bei einem König ist das doch was anderes. Schließlich kann ein Regierungschef, vor allem wenn er die absolute Gewalt hat, eine ganze Menge Unheil anrichten, falls er die Schalthebel der Macht in angeheitertem Zustand bedient. Außerdem hatte er erst kürzlich wieder seine Frau gegen sich aufgebracht, weil er auf einer Party der Gattin des Königs Assurbanipal den Hintern getätschelt hatte: freundschaftlich harmlos, wie er meinte — blau wie ein Veilchen und mit geilen Bockaugen aus der Sicht seiner Frau. »Glaub mir«, hatte sie hinzugefügt, »der Assurbanipal guckt sich das nicht mehr lange mit an. Das gibt Krieg, und den können wir uns bei deinem augenblicklichen Gehalt nicht leisten.«

Aradiu'nke versprach also, fürs nächste seine Trinkerei etwas einzuschränken und sich wie ein anständiger Mensch und König zu betragen. Er konnte dieses Versprechen um so leichteren Herzens geben, als er ohnehin vorhatte, demnächst mit seinen Kumpanen den alljährlichen Kegelausflug zu feiern. Natürlich tarnte er das Ganze als wichtige Dienstreise, die leider unaufschiebbar sei. »Wir müsen rüber ins Italienische«, sagte er scheinheilig, »Kanalisationsmodelle anschauen. Alles todlangweiliges Zeug. Ich wünschte, ich hätte es schon hinter mir.«

Sie fuhren aber nach Capri, wo sie für ein verlängertes Wochenende die rosa Kuh fliegen ließen und der König so ziemlich alles anstellte, was ihm zu Hause verboten war. Die größte Entdeckung aber machte er am letzten Tag, als er — bis oben hin voll mit Alka-Seltzer — loszog, um Souvenirs einzukaufen. Da entdeckte er nämlich eine überaus originelle Schnapsflasche: eine Säule, auf der sich der Kopf eines ziegenähnlichen Tieres befand. Diesen Kopf mußte man nur abschrauben, und schon konnte man sein Glas vollgießen. In zugeschraubtem Zustand aber erinnerte nichts daran, daß man es hier mit einer Schnapsflasche zu tun hatte, sondern es war dann eine originelle und künstlerisch interessante Kleinplastik, die man aufs Bücherbord stellen konnte. Der König wurde vor Freude fast verrückt, als er das sah.

Er kaufte das Ding, ließ den Preis wegmachen und es aufwendigst einpacken, lutschte eine Rolle Vivil und machte sich auf die Heimreise.

»Schau mal«, sagte er zu seiner Frau, »was ich uns mitgebracht habe — ein hochinteressantes Kunstwerk aus Capri. Es stellt eine der seltenen Bergziegen dar, wie sie auf den Felsen von Capri herumklettern. In unserer mesopotamischen Tiefebene gibt's das gar nicht. Schon deshalb ist es ein bedeutendes Kunstwerk. Komm, wir stellen es im Wohnzimmer auf die Kommode. Übrigens: Man nennt diese Tiere Caprikorn«, fuhr er fort und kam sich bei dieser Lüge außerordentlich toll vor.

Konsequent trocken

Tatsächlich, die Königin schöpfte keinerlei Verdacht, sondern fand das Kunstwerk vom Caprikorn ebenfalls bedeutend, schon um ihrem Mann einen Gefallen zu tun, weil er so konsequent trocken war. Sie schöpfte auch keinerlei Verdacht, als sie in den folgenden Tagen Aradiu'nke immer wieder vor der Plastik sitzen sah. »Ich kann mich einfach von dem Anblick nicht losreißen«, bekannte er, »ein zauberhaftes Werk.« Und wenn die Königin wieder in ihrer Küche war, schraubte er blitzschnell den Hörnerkopf ab, nahm einen kräftigen Schluck und verdrückte sich in den Garten.

Als die Plastik leergetrunken war, kaufte er sich wieder seinen üblichen Korn in dem Edeka-Laden an der Ecke, wo er immer vorbeikam, wenn er vom Palast nach Hause ging, und füllte heimlich nach.

Die Königin aber war des Lobes voll. »Keine Flasche haben wir neuerdings zu Hause«, sagte sie zu ihrer Freundin, der Frau des Königs Assurbanipal, »Aradiu trinkt keinen Tropfen mehr. Statt dessen interessiert er sich für Kunst. Wenn du wüßtest, wie froh ich bin!«

»Elender Saufkopp!«

Doch ach! Nichts hält auf Dauer, und Trinker neigen zum Leichtsinn. Der König stand jetzt auch nachts vor der Caprikorn-Plastik, er vergaß anschließend sein Pfefferminz, er nahm auch schon mal mehrere Schlucke, so daß er deutlich Mühe hatte, Worte wie »Assurbanipals neues Streitwagenmodell mit Doppelgelenk-Hinterachse« fehlerlos auszusprechen — kurz, die Königin wurde mißtrauisch und beobachtete ihn, indem sie sich hinter eine Säule in ihrem 500 qm großen Wohnzimmer stellte. Und da sah sie, wie der König den Kopf der Plastik abschraubte und direkt aus der Säule einen kippte. »Ha!« rief sie und hängte noch ein »elender Saufkopp« dran, und alles weitere läßt sich denken.

»Dieses Ding«, rief sie, und von wertvollem Kunstwerk war keine Rede mehr, »dieses Ding da kommt mir sofort aus dem Haus. Und zwar so weit wie möglich. Nein, nicht zu Assurbanipals, die wohnen ja gleich um die Ecke. Auch nicht zu Riethmüllers, Ihr seid mir zu oft beisammen. Hier«, und damit wies sie nach oben, »am besten an den Himmel damit. Da kommst du nicht mehr dran und hast außerdem jede Nacht deine Schande vor Augen.«

Was hätte der König tun sollen? Etwa behaupten, daß er nicht zu einer so einfachen Sache in der Lage war, eine Flasche Korn an den Himmel zu versetzen? Außerdem war er froh, daß er noch gut wegkam, und so befahl er Caprikorn ans Firmament.

Die Astrologen aber, die den babylonischen Nachthimmel betrachteten, merkten den Neuzugang. »Schau mal«, sagte der eine, »ist das nicht Aradius Schnapsplastik? Können wir die gebrauchen?« »Warum nicht«, meinte der andere, »nennen wir's doch einfach Capricorn, mit einem c in der Mitte. Wer denkt da noch an einen Klaren aus Capri. Es ist eben eine Bergziege oder Gemse oder ... nennen wir's Steinbock, das klingt doch gut, oder?« »Nicht nur das«, antwortete sein Kollege, »wir haben hier auch noch ein paar Eigenschaften, die wir dringend loswerden müssen: zähes Klettern, unermüdliches Streben, hartnäckiges Festhalten — das würde doch gut zum Capricorn passen.« »Wunderbar«, sagte der andere, »und jetzt laß uns noch einen trinken gehen. Ein neues Sternzeichen — das muß begossen werden.«

Und wenig später finden wir unsere beiden in einem babylonischen Gartenlokal, wo sie angeheitert schunkeln und mit lauter Stimme »Warum ist es am Tigris so schön?« singen.

2 Jubilar und Chronometer

Der Steinbock wird geboren, wenn der Winter am scheußlichsten ist, also vor allem im Januar. Alles geht langsamer, und wir müssen zäh und vorsichtig sein. Die Staus am Morgen sind besonders lang, denn Glatteis und Schneematsch dämpfen jedes Tempo, und unsere ganze Sorge gilt dem zuverlässigen Vorankommen. Haben die Winterreifen ausreichend Profil, ist die Batterie in Ordnung, hat's genügend Burgenländer Spätlese im Kühler?

Das Leben und vor allem das Wetter springen hart um mit uns in dieser Zeit, und wir müssen gewappnet sein. Wir müssen unser Geld zusammenhalten, denn Auffahrunfälle sind teuer, und der Januar ist endlos, und die Gratifikation ist längst unterm Schützen leichtfertig ausgegeben.

So ist der Mensch als Steinbock vor allem ernst. Er trägt sein Herz nicht auf der Zunge wie andere, denen es auch prompt herunterfällt, wenn sie mal Ah! sagen müssen, so daß man häufig Leute trifft, die ganz verzweifelt sind und immer wieder betonen, sie hätten ihr Herz verloren. Dem Steinbock kann das nicht passieren, denn er trägt sein Herz auf der linken Brustseite, wo es gut hinter den Rippen versteckt ist und so schnell nicht verlorengehen kann. Astro-kulturgeschichtlich hat die Zivilisation nun einen Punkt erreicht, wo man sich ernsthafte Sorgen machen muß, denn jedermann kann sehen, daß das kein gutes Ende nehmen kann. Ein begreifliches Gefühl, denn was soll man von einer Gesellschaft halten, in der es juristisch strengstens verboten ist, in einer Zeitungsanzeige mit Leberwurst-Angeboten den Zusatz 'Irrtum vorbehalten' anzubringen, die es aber ausdrücklich erlaubt, Dünnsäure in die Nordsee zu kippen? Nichts kann man davon halten, man kann sich nur Sorgen machen, wenn man der Ansicht ist, daß dies was nützt.

Wochenende auf der Ranch

Und so macht sich denn der Mensch in seiner Steinbock-Fassung vor allem Sorgen. Wird der Dritte Weltkrieg ausbrechen, und wenn ja, sind die Russen so perfide, sich dafür das Wochenende auszusuchen? Fangen hingegen die Amerikaner an — wird

Nancy Reagan noch am Freitag, kurz vor Dienstschluß, auf den Knopf drücken und dann ins Wochenende auf die Ranch fahren, oder haben wir Glück und sie drückt erst am Montag früh, kurz bevor die Putzfrau kommt? Ist aber der Steinbock eine Politikerin, so fragt er sich besorgt: Werden wir auf Dauer gesehen um eine Wiederbelebung der Quotendiskussion herumkommen?

Trotzdem gilt der Steinbock als ein langlebiges Zeichen, und er erreicht auch meist ein hohes Alter, was ein schlagender Beweis dafür ist, daß Sorgen, Pessimismus und die Neigung zu Zwölffingerdarm-Geschwüren einen wahren Jungbrunnen darstellen.

Dies liegt aber vor allem daran, daß — wie die Astrologen immer wieder versichern — der Steinbock alt geboren wird und sich mit den Jahren immer mehr verjüngt. Das kann mitunter seltsame Formen annehmen, wie wir in dem Kapitel »Ein Steinbock-Leben« nachdrücklich aufzeigen.

Geduld und Hartnäckigkeit schreibt man dem Steinbock zu, und so steht dieses Zeichen für alles, was lange dauert, wie beispielsweise die Steuerrückzahlung, die Lasagne beim Italiener in der Schloßstraße und die Lieferfrist des neuen Autos.

So ist der Steinbock auch der geborene Jubilar, der seinen Artikel in der Firmenzeitschrift bekommt, worin seine unbedingte Treue und absolute Zuverlässigkeit gelobt werden, und dazu ein Foto, auf dem er den Leser ernst und beispielgebend anschaut.

Interesse an Sparprogrammen

Auch langfristige Projekte sind dem Steinbock auf den Leib geschrieben. Versicherungen z. B., in die man jahrzehntelang einzahlt, um dann kurz vorm Fälligkeitsdatum vom Herzinfarkt dahingerafft zu werden. Und auch Sparprogramme mit einer Laufzeit von 7 Millionen Jahren bei regelmäßig steigendem Zins finden sein ungeteiltes Interesse. Dabei ist er von leidenschaftlichem Mißtrauen erfüllt und untersucht mit einem Elektronenrastermikroskop das Kleingedruckte auf der Rückseite, so daß er jede Schlinge entdeckt, in der man ihn fangen möchte.

Schuld an all dem trägt wie immer der Planet Saturn, der dem Steinbock zugeordnet wird und der schon immer von allen Göttern der am wenigsten umgängliche war, da er meist schlechte Laune hatte. Er mißtraute allem und jedem, sogar seinen eigenen Kindern, die er deshalb auch — bis auf Zeus — alle aufaß. Auch ist er sehr verschlossen, was schon darin zum Ausdruck kommt, daß er als einziger Planet mehrere Ringe um sich gezogen hat, die man aber mit bloßem Auge nicht sieht, so daß man es glauben muß.

Auch nennen die Astrologen den Saturn gern »den großen Unglücksbringer«, und da kann man sich vorstellen, daß der Steinbock nicht den ganzen Tag tanzt und singt.

Saturn heißt auf griechisch auch Kronos, so daß man ihn oft mit Chronos verwechselt, was Zeit heißt und ganz gut zum Saturn passe würde, weil er sich im allgemeinen viel Zeit nimmt, was allein schon aus der Tatsache hervorgeht, daß er 30 Jahre für einen Sonnenumlauf braucht. Und wenn man dazu noch die Strecke berücksichtigt, die er dabei zurücklegt, dann könnte man ihn sehr gut für den Erfinder des Chronometers halten. Bei dem Chronometer handelt es sich bekanntlich um ein in die Zeit verlagertes Raummaß, und in Mitteleuropa ist ein Chronometer die Zeiteinheit, die eine Ampel braucht, um von Rot auf Grün zu springen, wenn man es eilig hat. Hat man hingegen Zeit und möchte vielleicht noch gar nicht nach Haus, so schafft es die Ampel in einem halben Chronometer.

Berühmt waren auch in der klassischen Antike die Saturnalien — wilde Orgien, bei denen eine Menge Geschirr zu Bruch ging. Letzte Anklänge an diese Saturnalien sind heute noch in dem Kinderspiel: Eins, zwei drei — du bist! anzutreffen.

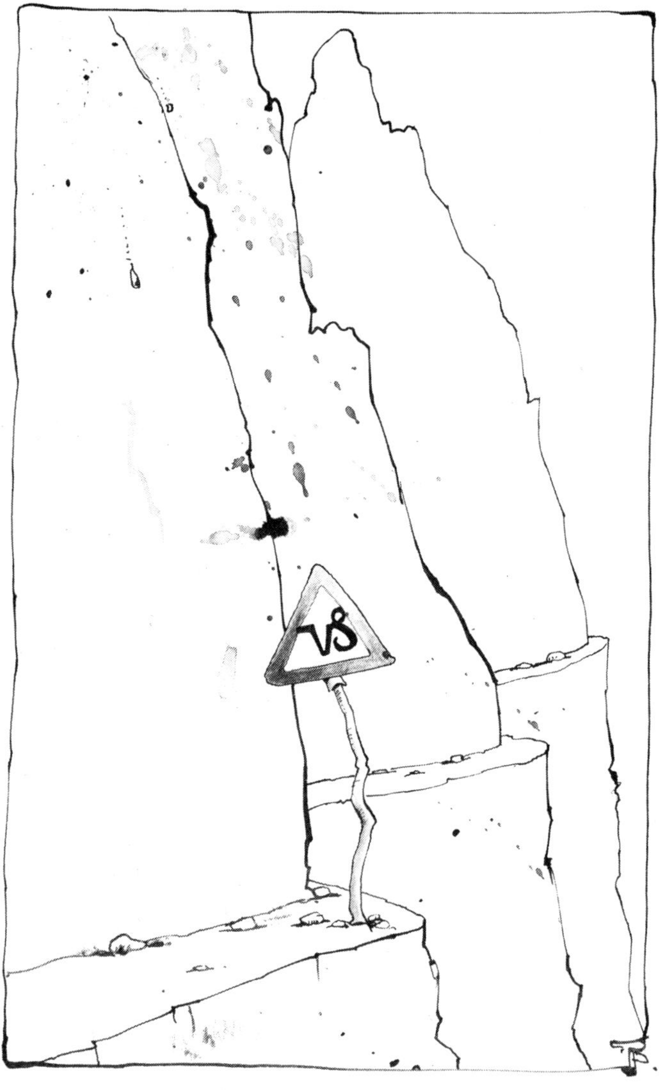

3
Die Eigenschaften des Steinbocks

Die Beharrlichkeit des Steinbocks, sein Ehrgeiz und sein Durchsetzungsvermögen zeigen sich in jedem Beruf, den er ergreift. Wird er Fußballspieler und hat er den Posten des Mittelstürmers auf seiner Wunschliste stehen, so wird er zunächst in der Verteidigung anfangen. Mehrere Jahre konzentriert er sich darauf, Tore zu verhindern, wobei er darauf achtet, nicht die Mittellinie zu überschreiten. Später dann läßt er sich ins Mittelfeld versetzen und betrachtet dies als wichtigen Schritt nach vorn. Jetzt blickt er auch schon mal zum gegnerischen Tor, um sich Richtung und Größe einzuprägen. Abends dann liest er Fachliteratur, wobei er es bedauert, daß die alte Fußballerzeitschrift »Der Stürmer« nicht mehr erscheint, und bereitet sich in Kursen und einem intensiven Briefwechsel mit Jupp Derwall auf den Tag vor, an dem man ihn in den Sturm nimmt.

Nun ist er so um die 40, und weil der Steinbock immer jünger wird, je mehr er in die Jahre kommt, sind seine Kondition und seine Spritzigkeit jetzt genau richtig. Auch weiß er nun alles über das Spiel, wird niemals in eine Abseitsfalle tappen und sich im Strafraum immer so geschickt fallen lassen, daß es echt aussieht. So wird er in vielerlei Hinsicht eine große Stütze seiner Mannschaft sein — natürlich muß der Verein aufpassen, daß er nicht zu viele Steinböcke einstellt, da er sonst in den ersten Jahren nur Verteidiger aufs Feld bringt.

Karriere als Direktor

Alles im Charakter des Steinbocks deutet aber auch daraufhin, daß er ein guter Direktor wird, wenn ihm eine Karriere auf dem grünen Rasen verwehrt werden sollte. Das ist nichts besonderes, denn jeder Mensch würde gern Direktor sein, jedenfalls für eine gewisse Weile. Aber jeder hat dafür andere Gründe.

Der Widder ist gern Direktor, weil es dann keinen Direktor gibt, den er demütig grüßen muß. Vielmehr kann er dann machen, was er möchte, feuert Leute und stellt neue ein, verkauft ganze Fabriken und schnappt andere der Konkurrenz im letzten Augenblick vor der Nase weg. Der Stier ist gern Direktor, weil er dann ein gutes Gehalt bekommt und eine Dienstvilla beziehen kann. Außerdem freut es ihn, wenn er im Börsenteil der Zeitung die Aktien seines Unternehmens steigen sieht. Der Zwilling wäre auch gern Direktor, wenn auch nur ein paar Tage lang. Aber in diesen paar Tagen kann er lange Besprechungen führen, bei denen ihn niemand mit den Worten: »Kommen Sie bitte endlich zur Sache, Herr Wimmer!« unterbrechen darf. Der Krebs ist gern Direktor, weil er sich dann als Vater und Mutter aller Angestellten empfindet und einen direkten Zugriff auf die Gestaltung des Speiseplans in der Kantine hat, wo er Diät-Mahlzeiten und Rohkostplatten favorisiert und auch für jede Woche ein Stunde Liedersingen durchsetzt.

Wenn die Pflicht ruft

Der Löwe wird Direktor, weil er sowieso schon als solcher zur Welt kommt und die Zeit bis zu seiner offiziellen Bestallung als eine schwer durchzustehende Zumutung empfindet. Mürrisch trägt er die Akten durchs Haus, grüßt Vorgesetzte nur widerwillig und ist der Meinung, daß man gegen Amtsanmaßung gerichtlich vorgehen müßte. Als Jungfrau wird man Direktor, weil man mit der Arbeit aller anderen nicht einverstanden ist und die feste Ansicht vertritt, daß nur einer 100 %ig unfehlbar sei und wüßte, wie man's richtig macht: man selbst. Man hat also gar keine andere Möglichkeit, als Direktor zu werden, auch wenn man das im Grunde gar nicht möchte. Die Pflicht ruft.

Auch die Waage möchte natürlich gern Direktor werden, denn nur in dieser Position kann man problemlos mit der blonden Sekretärin auf Geschäftsreise gehen, darf hinterher alle Rechnungen dem gehorsamen Buchhalter geben und hat für zu Hause immer eine prima Ausrede. Der Skorpion wiederum wird gern Direktor, weil er sich dann an dem verhaßten Abteilungsleiter rächen kann. Heimlich läßt er sich befördern, ruft den ahnungslosen Gegner an und zitiert ihn an seinen neuen Riesenschreibtisch. Dort durchbohrt er den um Gnade Winselnden mit seinem fürchterlichen Blick und tunkt die zermalmten Überreste in eine scharfe Brühe aus ätzendem Hohn.

Die Geschäftsleitung bin ich!

Der Schütze ist gern Direktor, weil er dann problemlos morgens zu spät kommen kann, laut pfeifend an dem Pförtner vorübergehen darf und keine Angst haben muß, daß ihn ein Diensteifriger bei der Geschäftsleitung anschwärzt — denn die Geschäftsleitung, denkt er sich lachend, die bin ich jetzt endlich selber! Der Wassermann liebt den Direktoren-Posten, weil er dann endlich in Ruhe auf seinen Schreibtisch starren und seinen skurrilen Phantasien nachgehen kann, ohne zusammenzucken zu müssen, wenn einer zur Tür reinkommt. Auch kann er jederzeit eines der drei Telefone vor sich abnehmen, irgendeine Nummer wählen und sich mal überraschen lassen, wer abhebt, um dem Unglücklichen dann eine schwer zu durchschauende Aufgabe zu stellen, worauf er sich dann mit mühsam unterdrücktem Kichern über den Schreibtisch wirft. Der Fisch hat eigentlich keinerlei Ambitionen für die Position des Direktors, dafür aber ist er es oft, ohne indes davon zu wissen, denn sein ewig reger Geist verströmt sich in jenseitigen Welten.

Der Steinbock aber will Direktor werden, weil er in seinem Leben ein hochgestecktes Ziel haben muß, für das er sich unermüdlich jahraus, jahrein abmühen kann. So tritt er mit 20 in eine Firma ein, ist mit 40 unabkömmlich, und mit 60 kann man nicht mehr länger zögern und verleiht ihm den Titel. Macht man ihn hingegen schon mit 25 zum Direktor, dann hat sein weiteres Leben kein Ziel und keinen Sinn mehr, so daß er in eine schwere Krise geraten kann und zur analytischen Behandlung muß, wo er auf dem schwarzen Sofa liegend dem Arzt bekennt: »Mein Leben ist verpfuscht, ich bin 25, und man hat mich schon zum Direktor gemacht.«

Steinböcke haben erwiesenermaßen ein enges Verhältnis zu allem, was steil hinaufführt. Und das sowohl im übertragenen Sinne (Direktor) wie auch im ganz konkreten. So ist der Steinbock ein leidenschaftlicher Hobby-Alpinist, der aber nur sehr schwierige Bergrouten für sich aussucht, z. B. alle Wände, von denen Reinhold Messmer behauptet, sie seien »zu kompliziert, um mit zusammengebundenen Füßen und angehaltenem Atem« bestiegen werden zu können. Diese erklettert der Steinbock mit Vorliebe, allerdings am liebsten bei Nacht und mit verbundenen Augen, wobei er in jeder überhängenden Wand eine halbe Stunde verweilt, um wechselweise zu jodeln und La Montanara zu singen.

Fußball wie in Oberbayern

Auch wenn er Fußball spielt — wir sprachen schon davon —, dann wählt er am liebsten ein ansteigendes Spielfeld, wie dies bei Fußballvereinen in Oberbayern üblich ist, wo also die eine Mannschaft ständig eine Alm von 30 Grad Steigung hinaufspielen muß, was den Stürmern Äußerstes abverlangt und den Tormann immer wieder in die Situation bringt, den Ball aus dem weit unten liegenden Dorf heraufzuholen, wenn der Gegner mal wieder vorbeigeschossen hat. Hier ist der Steinbock in seinem Element, rackert unermüdlich, will von Seitenwechsel nichts wissen und schießt Kerze auf Kerze, was aber hier als maßgenauer Flachpaß gilt.

Seine Geduld macht den Steinbock auch zu einem ausgezeichneten Politiker, der immer dann geholt wird, wenn es um Verhandlungen geht, die ewig dauern und bei denen es von vornherein feststeht, daß sie doch nichts bringen. So trifft man ihn immer wieder auf Abrüstungskonferenzen — und zwar auf beiden Seiten —, wo er sich gegenseitig die Sprengköpfe vorrechnet, sich aber nicht glaubt und davon ausgeht, daß er sich aufs Kreuz legen will. Da er sich grundsätzlich mißtraut, geht er auch auf keinen Vorschlag ein, hinter dem er doch nur einen schäbigen Trick vermutet, lehnt vielmehr entschieden ab, macht seinerseits Vorschläge, die er für fair, ernsthaft und konstruktiv hält, denen er aber als sein Gegner ebenfalls Hinterlist unterstellt, sie zurückweist, ablehnt, empört ist und die Verhandlungen platzen läßt. Danach hat man bekanntlich Mühe, sie wieder in Gang zu setzen, aus Angst, man könne sein Gesicht verlieren, so daß man zunächst einmal untergeordnete Steinböcke vorschickt, die ihrerseits wiederum in langen und zähen Verhandlungen über den Beginn der eigentlichen Verhandlungen verhandeln — kurz, der Steinbock ist aus der Politik überhaupt nicht wegzudenken.

4
Ein Steinbock-Leben

Ernst Haft wurde an einem 7. Januar im Alter von 83 Jahren geboren. Er hatte ein hageres, ernstes Gesicht, einen wallenden Bart, wie man ihn von den biblischen Erzvätern her kennt, und kühle, beherrschte Augen. Als ihm seine Mutter die Brust reichen wollte, erbat er eine ausführliche Gebrauchsanleitung, um nichts falsch zu machen. »Wir wollen keinen Tropfen verschütten«, sagte er in seiner bedächtigen Sprechweise, »denn wir wissen nicht, was uns das Leben bringt.« Schweigend, aber aufmerksam beobachtete er seine Umgebung in der Klinik und fragte den Gerontologen, den man speziell für ihn anstelle des üblichen Kinderarztes hinzugezogen hatte, nach den Möglichkeiten und materiellen Vorzügen des Mediziner-Berufes aus. »Man kann im Leben nicht früh genug wissen, was man einmal erreichen möchte«, meinte er, »um rechtzeitig planen zu können. Und den numerus clausus werde ich sicher problemlos schaffen.«

Er war ein stilles Kind, das sich stundenlang damit beschäftigen konnte, in der Ecke zu sitzen und Geld zu zählen. Auch spielte er gern Kaufmann, wobei er sowohl Käufer wie auch Verkäufer war und versuchte, sich übers Ohr zu hauen bzw. hinter seine Schliche zu kommen. Seine Eltern hörten ihn immer wieder triumphierend kichern, wenn ihm das eine oder das andere gelungen war.

Später als andere Kinder lernte er laufen, aber er hatte sich ausführliche Zeichnungen angefertigt und machte dann auch keinen Fehler. »Das ist Hafts Kleiner«, sagten die Nachbarn amüsiert, wenn der Fünfjährige mit Bart, Kneifer und Spazierstock zu seinem Sandkasten ging.

Im Kindergarten übertrug man ihm schnell verantwortungsvolle Aufgaben. Da seine Kameraden von Anfang an einen deutlichen Respekt vor ihm hatten, betraute man ihn mit der Aufsicht, die er dahingehend erweiterte, daß er auch die Kindergärtnerinnen kommandierte und ihnen die Rocklänge vorschrieb: wadenlang.

In der Schule galt er für altklug, und die Lehrer, besonders die jüngeren, hatten immer eine gewisse Scheu vor ihm und wagten ihm kaum Fragen zu stellen, außer wenn sie seinen Rat in privaten Angelegenheiten brauchten, und was es auch war, er riet fast immer ab. Neue Lehrkräfte verwechselten ihn anfänglich mit dem Rektor und baten um Raucherlaubnis, die er aber verweigerte. Hatte er hingegen einen guten Tag, so bot er ihnen eine Zigarre an.

Er war ein fleißiger, strebsamer Schüler, der auf allen Gebieten Überdurchschnittliches leistete — auch im Sport, wo man ihn seines Aussehens wegen mit dem Turnvater Jahn verglich. Er war auch Mitglied im lokalen Tennis-Verein, wo er erfolgreich in der Senioren-Mannschaft spielte und so manchen Gegner, der jünger aussah, aber älter als er war, immer vom Platz fegte.

Machte er irgendwo einen Fehler, so konnte er tagelang todunglücklich sein. Einmal — er hatte in einer Lateinarbeit eine Deklinationsregel falsch ausgelegt und eine schlechte Note erhalten, nämlich eine Zwei — schrieb er in Nachtarbeit das ganze Lateinbuch um, ließ es auf eigene Kosten drucken und bewies anhand des fertigen Werkes, das er unter Pseudonym herausgab, seinem Lehrer, daß seine Regelanwendung die richtige gewesen war, so daß er nachträglich seine obligatorische Eins bekam.

Das Abitur machte ihm erwartungsgemäß keine Probleme: Er prüfte alle Lehrer, war mit ihren Kenntnisen leidlich einverstanden und erhielt von ihnen aus Erleichterung und Dankbarkeit ein vorbildliches Abschlußzeugnis.

Spuren von Munterkeit

Auf der Universität belegte er zunächst das Fach Geschichte, aber die 5000 Jahre seit dem Alten Reich waren ihm als zeitliches Reservoir einfach zu wenig, und er fühlte sich eingeengt. Er probierte es mit der Archäologie, die er aber ebenfalls als sehr limitiert empfand, und entschied sich zuletzt für die Paläontologie. »Hier habe ich es mit Millionen von Jahren zu tun«, bekannte er, »und kriege endlich keine Klaustrophobien mehr.« Und damit war er für einige Zeit zufrieden.

Das Studentenleben schien ihm zu bekommen: Das Grau aus seinem Bart war fast verschwunden und hatte einem kräftigen Schwarz Platz gemacht. Seine tiefen Falten hatten sich geglättet, und Spuren von Munterkeit machten sich in seinem Gemüt bemerkbar. Langjährige Freunde beteuerten, daß er sich deutlich verjüngt habe, und in der Tat konnte man ihn für einen guterhaltenen Mittfünfziger halten. Wobei er sich von anderen Mitfünfzigern dadurch unterschied, daß ihm Anzüge der Größe 48 passten.

Oberflächlichkeit war nie seine Stärke gewesen, und auch als Paläontologe ging er, wie er sagte, »den Dingen gern auf den Grund.« Deshalb übernahm er nur Ausgrabungsarbeiten, die 50 m und mehr in die Tiefe führten. »Wenn man ohne Seilschaft nach unten kommen kann«, pflegte er zu sagen, »dann gibt es da auch nichts zu holen.«

Seine Beharrlichkeit gab ihm recht: Er entdeckte mehrere Dinosaurier-Unterkiefer mit faustgroßen Goldplomben. Diese Entdeckung machte ihn mit einem Schlag berühmt und sicherte seine Existenz. Er erhielt einen Lehrstuhl, gründete ein Schürfunternehmen, das sich mit der Ausbeutung der paläontologischen Goldmine befaßte, und schrieb ein weithin beachtetes Werk über »Das Niveau der Krankenkassenbeiträge in der späten Kreidezeit«, das nach seiner Überzeugung sehr hoch gewesen sein muß, da sich keine einzige Amalgamfüllung feststellen ließ.

Anfall von Lebenslust

Er war jetzt um die vierzig und sah auch so aus, und in einem Anfall von Lebenslust erwog er die Ehe. Er beschäftigte sich mit verschiedenen Kandidatinnen, alles geschiedene Ehefrauen, von deren verflossenen Ehemännern er sich ausführliche Referenzen anfertigen ließ. Er entschied sich für die Bewerberin, die hier — aus der Sicht des einstigen Ehemanns — am

100
100
DIREKTOR

schlechtesten wegkam und der man ausschließliches Interesse für Eingemachtes, gründlichen Hausputz, langfristige Geldanlagen sowie das Talent für saubere, gerade Nähte bei selbstgeschneiderten Abendkleidern nachsagte, die sie im Auftrag und gegen harte Mark für leichtfertige Freundinnen anfertigte.

Als er Ende fünfzig war (er wirkte jetzt wie ein Halbwüchsiger und bekam in der Straßenbahn schon lange keinen Platz mehr angeboten), legte er sein Lehramt nieder und widmete sich ganz seinem Bergwerk, aus dessen goldenen Erzeugnissen er sich einen Steckbaukasten anfertigen ließ. Es war dies auch das Alter, wo man ihn zum erstenmal lächeln sah. Und zwar als er in der Straßenbahn beim Schwarzfahren erwischt wurde und dem Kontolleur einreden konnte, daß er noch zu jung sei, um mit dem Fahrkartenautomaten klarzukommen. Hinter vorgehaltener Hand weiterlächelnd weinte er verzweifelt, so daß sich andere Fahrgäste für ihn einsetzten und ihn nach Hause brachten.

Goldene Dinosaurier-Kiefer

Hier nun beginnt die Spätphase in Ernst Hafts Leben. Er war der einflußreiche Generaldirektor eines bedeutenden Unternehmens, das noch immer goldhaltige Dinosaurier-Kiefer förderte, Financial Times und Wall Street Journal berichteten regelmäßig über ihn, und in Südafrika wünschte man ihm alles mögliche an den Hals. Gleichzeitig aber war er ungebärdig und hatte nichts anderes im Kopf, als seinen Direktoren Streiche zu spielen, indem er ihnen Reißnägel auf ihre teuren Knoll-Sessel legte, ihre Terminkalender umänderte und ihren Sekretärinnen weiße Mäuse in der Handtasche versteckte. Und es machte ihm immer wieder einen Riesenspaß, die durchweg seriösen Damen mittleren Alters auf ihre Schreibtische springen zu sehen, wo sie mit hochgerafften Röcken und spitzen Schreien einem Herzanfall ins Auge sahen.

Laufställchen im Büro

»Wenn er doch nur diese Phase bald hinter sich hätte«, flüsterte man in der Geschäftsleitungsetage, »damit wir wieder ungestört arbeiten können.«

Direktoren und Unternehmen erholten sich, als Ernst Haft in ein Laufställchen kam, das man inmitten seines repräsentativen Büros aufstellte und von wo aus er seine Manager munter ankrähte und sie immerzu seinen Schnuller aufheben ließ. Auch verstärkte sich sein Schlafbedürfnis, und er lag stundenlang ruhig und mußte nur ab und zu von seiner Sekretärin, einem hübschen blonden Geschöpf, gewickelt werden. Zu dieser Zeit war er einsichtig genug, sein Lebenswerk in ältere Hände zu legen und sich selbst ganz zurückzuziehen. Natürlich war es für seine Frau nicht einfach, den munter quieckenden Säugling, den man allgemein für ihren Enkel hielt, als ihren Ehemann auszugeben, aber Haft bestand darauf, regelmäßig in den Park gefahren zu werden, und er drohte im Verweigerungsfall mit Enterbung.

Nachdem sich seine Zähne zurückgebildet hatten, bekam er Schwierigkeiten mit der Nahrungsaufnahme, zumal er die Brust seiner inzwischen 70jährigen Ehefrau ausschlug und um die seiner blonden Sekretärin bat, was zu Zank zwischen den Eheleuten führte. Schließlich schlief er mit lautem Schreien ein, um nicht mehr zu erwachen, so daß der Kinderarzt nur noch den Tod feststellen konnte. Man betrauerte ihn, fand aber, daß es das beste für ihn war. »Wie schön für ihn«, hieß es, »daß er nochmal so viel Spaß am Leben hatte. Aber er war am Schluß doch recht hilflos und hätte eigentlich keinen Tag mehr länger leben können. Er ist mit 83 zur Welt gekommen und prompt auch nur 83 geworden, wie schön für ihn.«

5
Der Steinbock und die Liebe

Das Essen war mehr als passabel gewesen — Lammrücken in Pistazieneis mit gekerbelter Ziehbrunnenkresse à la Poggenpohl, dazu ein original Moselwein aus der Pfalz mit einem leichten Schuß Weichspüler —, der Begleiter ein alles in allem interessanter Mann mit den ausgeprägten Gesichtszügen eines Menschen, der nach Höherem strebt, und dem leichten Lausbubenschalk eines Pfarrers, der beim Verlassen einer Peep-Show erwischt wird.

Typisch Steinbock, haben Sie sich gedacht, als Sie in dem Paß, den er Ihnen über den Tisch reichte, um Sie über seine unveränderlichen Kennzeichen zu informieren, den 31. Januar lasen. (Komisch, hatten Sie noch gedacht, auf dem Bild wirkt er älter!)

Das Gespräch war leicht dahingeglitten, hatte große Themen ernsthaft gestreift und war doch auch neckischen Nebengedanken zugänglich gewesen. Ein Gewürztraminer, der vielleicht eine Spur zu sehr nach Maggi schmeckte, schloß den alles in allem wohlgelungenen ersten Teil des Abends ab, und die Wortes Ihres Begleiters: »Und jetzt würde ich Ihnen gern noch meine Dias vorführen, die mich zeigen, wie ich als Vierjähriger mit meiner Mutter in den Dolomiten auf den Drei Zinnen Rommé gespielt habe!« schienen einen interessanten zweiten Teil anzukündigen.

Appartement im 23. Stock

Im offenen Wagen war man dann durch die Stadt gefahren, die laue Nachtluft warf eine Handvoll kraftvoller Großstadtatmosphäre herein, und im Radio erklang gedämpft die Zitherversion der Schönen, blauen Donau, und schließlich waren Sie bei ihm angekommen: ein Hochhaus, das sich irgendwo im sternenglitzernden Nachthimmel verlor und in dessen 23. Stockwerk er sein Appartement hatte.

»Lassen Sie uns auf Lift und Treppe verzichten«, hatte er mit seinem ernsten Lächeln gesagt und dabei den Rucksack abgenommen, dessen Existenz Sie schon den ganzen Abend über mit leichtem Verwundern zur Kenntnis genommen hatten. Nun öffnet er ihn und entnimmt ihm zwei Seile mit starken

Haken daran. Geschickt wirft er sie nach oben, wo sie irgendwo im Dunkel hängenbleiben. »Für jeden von uns habe ich ein Seil, wir können uns also ganz

bequem nach oben begeben«, fährt er fort, »ich jedenfalls finde, es ist immer wieder ein Vergnügen, auf diese Weise noch ein Stück des Abends zu genießen, die Aussicht zu bewundern und etwas für die Verdauung zu tun.«

Nun, das alles ist nicht ganz nach Ihrer Vorstellung, aber seine bestimmte männliche Art überzeugt Sie - zumindest ist es mal etwas anderes. »Hier«, sagt er, »nehmen Sie dieses Seil. Es ist besonders brav, lammfromm und gefügig und wird Ihnen unterwegs keine Schwierigkeiten machen, denn es bockt nie.« Er selbst nimmt das andere, das wilde Bewegungen macht und sich zuerst gar nicht anfassen lassen will, doch er bändigt es mit hartem Griff. Nun also klettern Sie beide an der weißgrauen Wand des Hochhauses empor, indem Sie sich mit beiden Händen am Seil festhalten und sich mit den Füßen an der Wand abstützen. Und jetzt wird Ihnen auch klar, weshalb Ihr Begleiter schwere, genagelte Bergstiefel trägt, die einen sonderbaren Kontrast zu seinem dunklen Anzug mit den dezenten Nadelstreifen bilden. Sie, mit Ihren hochhackigen Pumps, haben da schon etwas mehr Schwierigkeiten.

Biwak zwischen Geranien

»Ich mache das häufig«, nimmt er das Gespräch wieder auf, während Sie den ersten Stock hinter sich lassen, »gestern z. B.: Im Ersten Programm gab's eine Boulevard-Komödie — mit deutschen Schauspielern!«, er schnaubt entrüstet, »im Zweiten brachten sie einen Film aus der alten k.u.k.-Zeit und im Dritten ein Stück aus dem Ostpreußen vor dem Krieg. Andere Leute gehen bei einer solchen Auswahl die Wände ihres Wohnzimmers hoch — behaupten sie wenigstens —, ich dagegen nehme mir dann gleich die ganze Hauswand vor. Zweimal rauf und runter, und die Welt ist wieder in Ordnung. Kommen Sie!«, er faßt Sie unter, »im vierten Stock machen wir eine kurze Pause.«

Dankbar nehmen Sie an, und nun biwakieren Sie zwischen den Geranien eines fremden Balkons. Das hätten Sie sich vor ein paar Stunden noch nicht träumen lassen, nicht wahr? Er entnimmt nun dem Rucksack ein paar Stücke konzentrierte Kraftnahrung — einen Schokolade-Früchte-Riegel, der so ähnlich wie Belcanto heißt. »Der schmeckt aber gar nicht süß«, bekennen Sie mit ehrlicher Überraschung. Ihr Begleiter nickt zustimmend: »Und bringt verbrauchtes Cholesterin sofort zurück. Kommen Sie!«, fordert er Sie auf, »wir haben zwar in der nächsten halben Stunde keinen gravierenden Wetterumsturz zu befürchten, auch die Lawinengefahr ist jetzt, im Juni, nur gering — trotzdem sollten wir den Aufstieg zügig fortsetzen. Und kümmern Sie sich nicht um das Turmfalkenpärchen im 17. Stock, es tut Ihnen nichts, denn die Jungen sind schon flügge.«

Sie ergreifen wieder Ihr braves Seil, und weiter geht's. Allmählich gewinnen Sie Spaß an der Sache. Mehr und mehr breitet sich die nächtliche Stadt unter Ihnen aus, und nachdem Sie deutlich über den Garagen sind, haben Sie einen köstlich freien Blick auf die Lichterkette des Autobahnzubringers.

»Wissen Sie«, sagt Ihr Steinbock-Mann, »ich vergleiche das Leben, vor allem aber das Verhältnis zu dem anderen Menschen, dem man sich innerlich verbunden fühlt, immer mit einer Seilschaft: Man muß ein gemeinsames Ziel haben, das man mit vereinten Kräften anstrebt, und dann kann dieses Ziel auch ruhig sehr hoch sein. Sagen wir: 23. Stock, wie in unserem Falle. Aber man muß sich aufeinander

verlassen können. Man darf den anderen nicht aus dem Seil entlassen, ohne wenigstens vorher zu sagen: Paß auf, gleich fällst du! Und keinesfalls darf man ihn aus niederen Motiven fallen lassen, beispielsweise weil er einem zu schwer wird, sondern man muß immer bereit sein, auch sein letztes Seil mit ihm zu teilen. Wo aber Gefahr ist, wächst das Rettende auch, heißt es bei Hölderlin, und so muß man es sehen. Man sollte immer das einander Rettende sein. Achtung, ein offenes Toilettenfenster, gehen Sie drumherum!«

Sie möchten gern etwas sagen, vor allem weil seine Wort sie so tief berührt haben, aber außer einem entsetzten Gurgeln beim Nach-unten-Blicken — Sie haben nun gut die Hälfte hinter sich — fällt Ihnen nichts ein. Doch er findet das entzückend und nimmt sogar eine Hand aus dem Seil, um Ihnen übers Haar zu streichen — eine Geste, die Ihnen gerade jetzt sehr viel gibt.

Nach dem 15. Stock macht er nochmals Halt. Wieder nehmen Sie auf einer Balkonmauer Platz. Doch es ist spürbar kälter geworden. Sie frösteln etwas in Ihrem dünnen Abendkleid mit dem durchbrochenen Oberteil, und auch die Geranien in den Blumenkästen haben einer niedrig wachsenden, hartstieligen Hochgebirgsflora weichen müssen. Der Blick nach unten macht Ihnen ein gewisses Unwohlsein — winzig klein steht da sein offener Sportwagen unter dem Lichtpunkt der Straßenlaterne. Irgendwo lacht eine Gemse im Schlaf. Lieber also schauen Sie deshalb in den sternklaren Himmel über sich. Was sind, denken Sie, 30, 40 Meter gegen Tausende von Lichtjahren. Noch nicht mal eine Treppenstufe, und dieser Gedanke beruhigt Sie eigenartigerweise.

Frei von Ängsten

Der Steinbock-Mann indes scheint von solchen Ängsten frei zu sein. Unbekümmert erzählt er aus seinem Leben und daß er schon in frühen Kindheitstagen erwischt wurde, wie er an der Hauswand hochkrabbelte. »Mit fünf Stockwerken war unser Haus sozusagen ein Flachbau. Kam mir aber mit drei Jahren mächtig hoch vor«, meint er und lacht bei dem Gedanken daran. »Bei meinem Sohn werde ich später mal nicht solche kleinlichen Bedenken haben«, fährt er fort und beginnt, Sie nachdenklich anzusehen. »Ihm werde ich nie etwas in den Weg legen. Und ich glaube, auch Sie sind tolerant und unterstützen jede aufsteigende Tendenz im Charakter unseres Kindes.«

Träume von einem Sohn

Sie nicken, wobei Sie sich bemühen, jede Heftigkeit zu vermeiden. Doch können Sie nicht umhin, seine souveräne Art zu bewundern, sich wie selbstverständlich an der Wand empor zu bewegen und gleichzeitig die großen Themen eines gemeinsamen Lebens zu behandeln. »Gerade ein Sohn wäre mir sehr wichtig«, fährt er fort, »er könnte das Stahlgerüstbau-Unternehmen einmal weiterführen, das ich in drei Jahren gründen werde und aus dem ich mich mit 85 zurückziehen möchte, um«, er zwinkert Ihnen zu, »mit Ihnen die Früchte unseres gemeinsam bewältigten Lebens zu genießen. Auch denke ich daran, ein 60stöckiges Verwaltungshochhaus zu errichten. Da hat man dann wenigstens immer eine ordentliche Strecke vor sich und kommt nicht schon nach einer halben Stunde oben an, wie jetzt zum Beispiel.«

Tatsächlich — Sie haben es geschafft. Er drückt das nur leicht angelehnte Fenster seines Appartements auf, schwingt sich gekonnt über die Brüstung und hilft Ihnen hinein. Erschöpft lassen Sie sich auf das breite Bett fallen, das einladend in der Mitte des Zimmers steht. Der Aufstieg hat Sie doch sehr mitgenommen. Deshalb lächeln Sie auch glücklich, als er jetzt einen Jagertee in zwei Gläser füllt und mit den Worten auf Sie zugeht: »Und morgen früh nehmen wir natürlich den Lift. Zwar ist der Abstieg immer das schönste, besonders bei Sonnenaufgang, aber ich meine, Sie sollten sich für den Anfang noch nicht allzuviel zumuten. Später mal, wenn Sie im Training sind und den Aufstieg auch mit Tengelmann-Tüten leicht schaffen, ist das was anderes. Nein, sagen Sie nichts. Lassen Sie uns jetzt lieber das Thema unseres gemeinsamen Sohnes angehen. Ich meine, man sollte solche wichtigen Projekte sehr konkret ins Auge fassen und nicht auf die lange Bank schieben. Am besten, wir bringen es gleich hinter uns, dann kann ich Ihnen anschließend die Dias mit meiner Mutter und mir auf den Drei Zinnen zeigen. Warten Sie, ich helfe Ihnen beim Ablegen, Ihre Finger werden noch etwas taub sein.«

6
Wie man eine Steinbockin verführt

Zwischen all den blonden Vamps des Vorzimmers mit ihren stark betonten Oberweiten und Hüftpartien und dem herausfordernd girrenden Lachen, kombiniert mit dem bekannten, offensiven Augenaufschlag, war sie Ihnen sofort aufgefallen. Als einzige hatte sie sich um den hochaufgeschossenen Gummibaum gekümmert, hatte die Ablage säuberlich und so, wie es das Alphabet vorschreibt, versorgt. Und als ihre leichtlebigen Kolleginnen eine Stunde vor Büroschluß mit entsichertem Make-up-Täschchen die Toilettenräume gestürmt hatten, war sie es gewesen, die noch einen Bogen in die Maschine tat, und hatte den forschenden Blick ihrer ernsten Augen von der räselhaften Farbe heißen Asphalts von Ihnen weg und dem Stenoblock zugewandt.

Ihr Herz hatte einen Hüpfer getan — die oder keine! hatte es gejubelt. Hier endlich, das wußten Sie, war die Frau, die Sie immer gesucht hatten — die Partnerin ernster Gespräche an früh hereingebrochenen Januar-Abenden, die umsichtige Mutter ihrer gemeinsamen Kinder, aus deren schmalen, intelligenten Zügen die ganze Kenntnis des Dreisatzes herauszuleuchten schien, und die eisenharte Sachwalterin Ihrer Steuererklärungen — weit weg von aller enervierenden Flatterhaftigkeit, der jede Frauenbewegung immer wieder die enttäuschenden Rückschläge verdankt, sondern so verläßlich wie das alljährliche steigen der Heizkosten.

Zögernde Zurückhaltung

Natürlich tut man sich hier mit einer Einladung nicht leicht. Das lässig hingesprochene »Na, was machen wir zwei Hübschen denn heut abend«, das bei anderen Frauen Reaktionen herzlicher Zugänglichkeit auslöst, dürfte bei dieser auch nicht die Spur einer Erfolgsaussicht haben. Hier vielmehr sind zögerliche Zurückhaltung und ein sanftes Hüsteln — beides untrügliche Zeichen von ernsten Absichten und tapferer Selbstüberwindung — angebracht, um die scheue Steinbockin wenigstens dazu zu bringen, sich ihre Wort anzuhören.

Diese Worte haben Sie mit Bedacht gewählt: »Der Gedanke, mich mit Ihnen einmal über die Neuorganisation der süddeutschen Vertriebsstellen unter dem Gesichtspunkt kostenbewußter Planstellenreduzierung zu unterhalten, beschäftigt mich schon sehr lange. Ich denke da an einen streng neutralen Ort wie beispielsweise das Lokal ‘Zum seriösen Tellergericht’.«

Die Steinbockin wird Sie daraufhin anblicken, in einer Art, die Sie erzittern läßt, wenn auch nur ein Molekül niedriger Begierde hinter Ihrer Einladung stecken sollte. »Das wird leider nicht möglich sein«, antwortet sie nicht ohne eine gewisse Freundlichkeit, und Sie wundern sich wieder einmal, wie eine Frau, die auf den ersten Blick so kühl erscheint, auf den zweiten doch so unnahbar und abweisend sein kann.

»Das hat nichts mit Ihnen zu tun«, fährt sie fort, »aber ich kann im nächsten halben Jahr keine Stunde von meinen Abend- und Wochenendkursen in englischer Stenografie, interstruktureller Wirtschaftsmathematik und protestantischer Moraltheologie abzweigen. Danach, also ab März nächsten Jahres, können wir gern darüber reden.«

Nun, Sie wußten, daß hier ein schneller Sieg nicht zu erwarten war. Sie verbeugen sich knapp haben das Glück, dabei eine Büroklammer am Boden zu erblicken, die Sie dezent aufheben und zwanglos zu den Bürontensilien der Steinbockin legen, die Sie dafür mit einem tiefen Blick, aus dem eine gewisse überraschte Wärme zu sprechen scheint, bedenkt.

Für die kommenden Wochen und Monate müssen Sie sich in Geduld üben. Schicken Sie der Steinbockin ab und zu — aber nicht zu oft! — einen ausgerissenen Artikel aus Capital, um den dünnen Kontaktfaden nicht reißen zu lassen.

Keine spontanen Hitzköpfigkeiten

Wenn Sie ihr auf der Straße begegnen, dann grüßen Sie höflich und versuchen Sie dabei, leicht verunsichert auszusehen, mit einem kleinen Schuß Verlegenheit — Steinbock-Frauen erkennen solche unterdrückten Herzensregungen und wissen sie wohlwollend einzuordnen.

Sie haben den Herbst und den Winter in selbstgewählter Einsamkeit verbracht, bei der Lektüre von Bultmann, Kruse-Heun und Dr. Platows Wirtschaftsbriefen — nun aber kommt der Frühling heran, und es ist Zeit, an das versprochene Rendezvous zu erinnern.

Die lange Wartezeit ist Ihren Gefühlen gut bekommen — das gärend Beunruhigende ist weg, nichts ist mehr da an Unausgereiftem, was Sie zu spontanen Hitzköpfigkeiten verleiten könnte. Ihre innere Beziehung zur Steinbock-Frau ist nunmehr frei von emotionalen Schlacken und abgelagert wie ein Dimple-Scotch.

Wenn Sie ihr wieder begegnen, befolgen Sie die in allen Vertreter-Schulungen gelehrte Regel: Sie bleiben drei Schritte vor ihr stehen, vollziehen eine korrekte Verbeugung, um dann noch einen Schritt auf sie zugehen zu können, ohne daß sie sich bedrängt fühlt.

»Ich möchte Sie herzlich dazu beglückwünschen«, sagen Sie mit ehrlicher Begeisterung, »daß Sie auf der Weltkirchenkonferenz in Nairobi, Bereich Westdeutsche Frau und Verwandtes, den geschäftsführenden Komitee-Vorsitz erfolgreich übernehmen konnten.« Für einen kurzen Moment, ca. eine milliardstel Sekunde, leuchten ihre Augen auf. »Sie wissen....?« Etwas verlegen und wie auf halb verbotenen Wegen ertappt, blicken Sie unter sich. »Ich gestehe, Frau Thunert, daß Sie mir in all

diesen Monaten nicht gleichgültig gewesen sind. Ich kann also gar nicht umhin, Ihre Karriere zu registrieren, die allerdings für den, der um Ihre Fähigkeiten und Ihre Einsatzbereitschaft weiß, alles andere als überraschend ist. Ich habe auch nie an diesen Ihren fantastischen Eigenschaften gezweifelt.«

Mit dieser Bemerkung haben Sie das Blut der Steinbockin von 20 auf 21 Grad erwärmt und mithin geradezu in Wallung gebracht. Nutzen Sie diesen günstigen Augenblick und gehen Sie entschlossen vor: »Sie werden mich vielleicht belächeln«, sagen Sie tapfer, »aber ich habe mich in letzter Zeit mit dem Problem der Versagensängste in Fällen von akutem Zinsverlust beschäftigt. Und ich glaube, daß gerade in einem Gespräch mit jemandem wie Ihnen manche Aspekte aufgehellt werden könnten. Vielleicht erinnern Sie sich: Sie waren so entgegenkommend gewesen, mir im Sommer vergangenen Jahres ein Gespräch in Aussicht zu stellen — es ging um ein Thema, das inzwischen nicht mehr aktuell ist —, und ich würde gern diese Möglichkeit heute unter neuen Vorzeichen wahrnehmen. Die Frage ist nur, wo wir dieses Gespräch führen können. Ich selbst bin ein zu unvollkommener Gastgeber, um es zu wagen, Sie zu mir einzuladen, und das Lokal, das ich Ihnen damals vorschlug, hat leider aufgrund seines überaus günstigen Preis/Leistungs-Verhältnisses inzwischen schließen müssen, so daß ich Sie bitten möchte, mir einen Vorschlag zu machen, damit ich rechtzeitig einen Tisch bestellen kann — ich würde da gern schon vier Wochen im voraus disponieren.«

Die Steinbockin wird Sie anschauen wie ein Bankbeamter einen unbekannten Kreditsuchenden — halten Sie diesem Blick stand! Die Gesichtsmuskeln müssen zu 25 Grad angespannt sein, der Blick ist gerade und offen, selbstbewußt zwar, doch mit einem Schuß freudiger Hoffnung, und ein ganz feines Glimmen im Hintergrund Ihrer Pupille darf erkennen lassen, daß Sie in ihr auch ein wenig die Frau und nicht nur das erfolgreiche Komitee-Mitglied sehen.

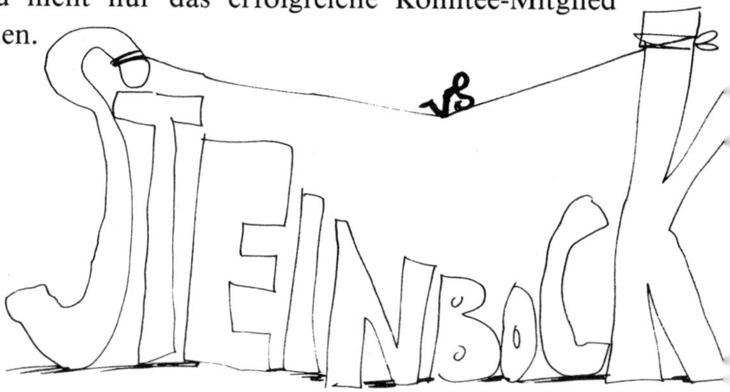

Wenn das Auge der Steinbockin, dem nichts verborgen bleibt, keinen Schatten einer Unaufrichtigkeit in Ihren Zügen feststellen kann, dann ist es möglich, daß sie antwortet: »Ich halte es für das zweckmäßigste, wenn Sie zu mir kommen, denn ich werde mitunter in der einschlägigen Literatur nachsehen müssen, und da ist es am praktischsten, wenn man alles sofort zur Hand hat.«

Sie können noch sagen: »Ich werde meine wichtigsten Fragen schriftlich festhalten, damit wir gezielt vorgehen können«, und dann sollten Sie sich verabschieden.

Natürlich ist das alles nur der etwas erweiterte Anfang. Vieles gilt es noch zu beachten. Denn die

Steinbockin ist eine Frau, die in punkto Stil und Etikette weit und breit keinen Meister hat. Sie wird sofort erkennen, ob das Muster Ihrer Krawatte zum Dessin Ihrer Brieftasche paßt, sie sieht auf Anhieb, wie Sie Messer und Gabel halten, und sie hat einen feinen Instinkt dafür, ob Sie Ihre Suppe gesittet löffeln oder laut in sich hineinschlürfen (was eine Widderin höchstens zu der lachend hingeworfenen Äußerung: Na, schmeckt's, alter Prolet? veranlassen würde). Jede Form von unverhüllter Gier stößt die Steinbockin ab — ob bei der Suppe oder später. Sie sollten also in Ihrer Vorsicht nicht nachlassen.

Ein Fall von Nymphomanin

Daß Sie am ersten Abend noch nicht nennenswert weiterkommen, ist klar. Aber es gibt sicher Andeutungen, die es zu bemerken gilt. Sagt die Steinbockin beim Abschied beispielsweise: »Es war ein sehr anregender Abend, wir sollten das Gespräch zu diesem Problemkreis vielleicht zu gegebener Zeit fortsetzen«, dann dürfen Sie auf dem Nachhauseweg im Auto laut jubeln. Denn in diesem Fall haben Sie es mit einer Nymphomanin zu tun, und mehr kann man nicht verlangen.

Stier und Jungfrau werden dem Steinbock von den Astrologen als ideale Partner zugewiesen. Keine schlechte Verbindung, in der Tat. Der Stier nämlich ist beständig, wenngleich er dazu neigt, in den langen Wartezeiten zwischen zwei Kontakten sich Partnerinnen aus leichtlebigeren Zeichen zuzuwenden, wobei er geschickt genug ist, sich dabei nicht erwischen zu lassen, denn eine Steinbockin würde sich niemals mit einem Mann einlassen, der vielleicht ein halbes Jahr vorher noch mit einer anderen gesehen wurde. Bei der Jungfrau indes kann es oft sogar umgekehrt sein — hier trifft Kühle auf Kälte und Zurückhaltung auf Verschlossenheit, und es ist die Steinbock-Frau, die sich den Kopf zerbrechen muß, wie sie den vorsichtigen Jungfrau-Partner aus der Reserve lockt.

Mit Zeichen, deren Blutdruck etwas über 90 zu 65 liegt, und dies trifft eigentlich auf die meisten zu, steht es weniger günstig. Ein spontan handelnder Widder würde die Steinbockin bereits auf dem Hotelflur in Nairobi überfallen und ihr gerade noch zuflüstern: Ich mache dich zur Präsidentin, aber jetzt nichts wie aufs Zimmer!, während Schützen wahrscheinlich den Suppentest nicht bestehen, so daß alle Geduld und Diplomatie für die Katz war. Der mit allen Wassern gewaschene Skorpion indes bringt es fertig, die Steinbockin tatsächlich stundenlang mit dem angedrohten Thema zu nerven, bis diese aufgibt und sich mit den Worten: »Mach mit mir, was du willst, aber hör bitte auf, mich weiterhin über Versagensängste bei irgendwas zu löchern!« auf das geschmackvoll geblümte Sofa zurücksinken läßt.

BA

7
Wie man einen Steinbock verführt

Man sagt einfach: »Wie wär's, kommst du mal mit zu mir?

8
Unschedlichs Ansichten über den Steinbock

Wie immer, wenn wir über unser Tierkreiszeichen Wahrheiten und Erkenntnisse direkt von der Quelle haben wollen, wenden wir uns an den bekannten Astrologen Joseph Joachim Unschedlich, der durch seine astrologischen Prophezeiungen immer wieder für Schlagzeilen sorgt.

So hatte er bekanntlich Ende der 70er Jahre den Unionsparteien vorhergesagt, sie würden einen bedeutenden Politiker hervorbringen und den Bundeskanzler stellen. Darüber war man natürlich besonders im bayerischen Lager mehr als glücklich und feierte diese Aussichten mit einer gehörigen Menge Maß. Leider stellte es sich dann heraus, daß Unschedlich seine Prophezeiung auf zwei Personen verteilt hatte, um — wie er sagte — jeder der beiden

Schwesterparteien etwas Gutes zu tun. Natürlich waren die Bayern schwer enttäuscht, und Unschedlich erhält seit einigen Jahren keine Einladung mehr für den Prominentenstammtisch beim Oktoberfest.

Doch dergleichen fällt schlimmstenfalls unter »verzeihbare Fehlleistung«, besonders wenn — wie Unschedlich glaubhaft versicherte — der ehrliche Wunsch dahintersteht, es mehreren recht zu machen, und wenn, wie im vorliegenden Fall, die Vorhersage unter diesem Aspekt auch tatsächlich eingetroffen ist.

Uns jedenfalls konnte es nicht daran hindern, Jojo Unschedlich aufzusuchen und ihn über unser Tierkreiszeichen auszufragen.

»Der Steinbock, verehrter Meister, was können Sie uns über ihn sagen?«

»Zunächst einmal, daß seine wahre Existenz wohl noch nicht so ganz geklärt ist. Vieles, was man für einen Steinbock hält, ist nichts anderes als eine Gemse oder eine verwilderte Ziege, die sich von ihrer Herde auf der Alm losgerissen hat. Manche halten sogar den Steinbock für ein nicht existentes Fabeltier, wie z. B. das Einhorn.«

»Nun, Meister, das soll uns nicht weiter stören, denn wir meinen eigentlich das Tierkreiszeichen, also den astrologischen Steinbock.«

»Ach so, ja, den gibt es nun wirklich, und den kann man in der Tat auch sofort erkennen.«

»Tatsächlich, und woran?«

»Ganz einfach: Der Steinbock ist ein kardinales Erdzeichen. Eine Führungspersönlichkeit von realistischer Grundeinstellung. Der Steinbock steht also mit beiden Beinen fest auf der Erde. Wenn Sie mithin jemanden treffen, der wirklich beim Stehen mit beiden Beinen die Erde berührt — notfalls müssen Sie sich vor ihm hinlegen und genau nachsehen, denn es kommt hier auf jeden Millimeter an —, dann wird es sich zweifellos um einen Steinbock handeln. Im Zweifelsfall auch mal um eine Jungfrau oder einen Stier, doch der Steinbock steht im allgemeinen noch ein wenig fester als diese beiden, so daß Sie nur auf die Wadenmuskulatur achten müssen.«

»Dies macht sich bei ihm sicher auch beruflich bemerkbar, ja? Ich meine, man wird ihn selten als Bruchflieger sehen?«

»Natürlich. Nach dem bekannten Steinbock-

Ausspruch ‘Eigene Erd‘ ist Goldes wert’ betätigt er sich besonders gern als Immobilienmakler. Allerdings besteht er darauf, daß der Käufer sich die Immobilie selbst abholt. So muß dieser sich dann einen Transporter mieten und selbst aufladen, so daß unterwegs immer wieder Teile verlorengehen — einer der Gründe, weshalb die Immobilien immer seltener werden und die Preise steigen. Das Bedürfnis des Steinbocks, nach oben zu kommen, zeigt sich in allen Berufen. Auch im Handwerk, als Maurer z. B., wo er grundsätzlich beim Fundament im Keller anfängt und sich von da aus bis in den vierten Stock hinaufarbeitet, indem er einfach Stein auf Stein setzt. Nie käme es einem Steinbock in den Sinn, etwa umgekehrt zu verfahren und die Steine untereinander zu schichten.

»Kann man mit ihm auskommen?«

»Ohne weiteres. Er hält seine Familie zusammen, indem er Frau und Kinder mit einer Art von Lasso zusammenbindet und neben sich herführt. Aber er nimmt dafür seiner Frau auch viele Arbeiten ab, von denen Männer anderer Zeichen glauben, sie würden in das Aufgabengebiet der Frau fallen — z. B. Hecken schneiden, Wasserhahn reparieren, Bierkästen hochtragen oder im Winter den Wagen anschieben. Allerdings sollte die Frau nicht auf eine plakativ vorgetragene erotische Zuwendung hoffen. Jedenfalls nicht in den ersten Jahren der Ehe, denn der Steinbock ist schüchtern und in seiner ersten Le-

benshälfte mehr auf den Beruf fixiert. Erst im hohen Alter entdeckt er die Freuden des körperlichen Beisammenseins, und immer wieder hört man von achtzigjährigen Ehepaaren, wo der vom Satyrismus besessene Steinbock-Mann die kreischende, halbbekleidete und zumeist gehbehinderte Frau erregt durch den nächtlichen Vorgarten jagt — meistens nach einer Wirtschaftsendung im Fernsehen, die sich der alte Herr erst angeschaut hat. Das Temperament, das ihm in der Jugend versagt bleibt, schenkt ihm das Alter im Überfluß. Und jede Frau, die einen Steinbock ehelicht, sollte wissen, daß sie ihre diesbezüglichen Wünsche für die zweite Lebenshälfte zurückstellen muß.«

»Hat er besondere Eigenheiten?«

»Oh ja, er neigt zu Melancholie und Einsamkeit. Deshalb verbringt er seinen Urlaub am liebsten in Orten wie Rimini, Riccione oder Lloret de Mar, wo er ganze Nachmittage völlig einsam am Strand liegt und in den Anblick des unermeßlichen Meeres vertieft ist. Niemals würde er sich für die beliebten Urlaubsorte wie Mallorca entscheiden, wo der Massentourismus überschwappt.«

»Wie ist er als politischer Mensch einzuordnen? Er wählt doch sicher eher konservativ?«

»Das ist richtig, denn er ist von dem Staatsgedanken fasziniert. Konsequent durchorganisierte Staatsformen, wo alles sauber und wie am Schnürchen klappt, können ihn begeistern. Das ist vielleicht auch eine gute Erklärung dafür, daß so viele Bienen, Ameisen und Termiten im Steinbock geboren sind und es auch im sozialen Zusammenleben zu so eindrucksvollen Leistungen gebracht haben.«

»Bleibt die Kunst, Herr Unschedlich, wo liegen hier die besonderen Begabungen des Steinbocks?«

»Sicher weniger auf dem Gebiet der Musik, und wenn er sich mit Tonkunst beschäftigt, dann meistens in Töpferei und Keramik, wobei er allerdings möglichst große Vasen bevorzugt, also solche, in die man auch mal einen bunten Strauß aus Mammutbäumchen hineinstellen kann. Seine wirklich künstlerische Begabung aber liegt in der Arbeit mit der Erde, seinem Element also. So ist der Steinbock ein sehr begabter Erbauer von Sandburgen, und hier kann er es zu hohem internationalem Ansehen bringen. Allerdings schießt hier sein Künstlertum gern ein wenig ins Kraut, und seine Vorsicht kann ihn im Stich lassen. Denken wir nur an den spektakulären Dacheinsturz bei der Berliner Kongreßhalle — einem typischen Steinbock-Werk: Formal eine großartige Leistung und aus feinstem Sand direkt vom Strand bei Grömitz erbaut. Aber, so die Experten, man hätte dennoch ein paar Eisenträger einziehen sollen.«

»Herr Unschedlich, wir danken Ihnen für dieses Gespräch.«

9 Der Tag eines Steinbocks

Als ich um sieben Uhr erwachte, ist dies wie immer das präzise Ergebnis einer gründlichen Vorbereitung und umsichtigen Planung: Ich habe den Wecker gestellt.

Diese Vorsicht hatte sich als weitblickend erwiesen, denn im Traum hatte man mich mit der Aufgabe betraut, das Matterhorn in 2 Millionen Schnellheftern abzulegen und chronologisch zu ordnen. Ich war mit dieser Arbeit noch nicht am Ende, hätte also auf jeden Fall den Sieben-Uhr-Termin verpaßt, als der von mir exakt gestellte und nachdrücklich aufgezogene Wecker schrillte. Ich unterbrach meine Arbeit, die ich nun kommende Nacht abschließen muß. Wobei es vor allem die Frage zu klären gilt: Wohin mit den Schnellheftern. Der Schrank ist zu klein!

Während ich noch einige Sekunden daliege und entschlossen in das Halbdunkel sehe, überlege ich, daß es doch eigentlich möglich sein müßte, eine Position zu finden, bei der ich nicht um sieben, sondern schon um halb sieben aufstehen muß. Ich hätte dann eine halbe Stunde für den Tag gewonnen. Dies würde in der Woche zweieinhalb zusätzliche Stunden bedeuten, pro Monat wäre das mehr als ein Tag, im Jahr also über 52 Tage. Jetzt müßte man nur noch Urlaub, Feiertage sowie durchschnittliche Grippe-Dauer abziehen, und man hätte den effektiven Zeitgewinn. Ich muß diesen Gedanken wirklich einmal konsequent weiterverfolgen und hier — evtl. durch einen Wechsel — eine Verbesserung anstreben. Allerdings werde ich dann meine Traumarbeit rationalisieren müssen, sonst bleibt in Zukunft noch mehr liegen.

Salami statt Honig

Am Frühstückstisch erwartet mich wie üblich das Honigbrötchen. Doch ich spüre, daß auch hier eine Änderung angesagt ist, längerfristig zumindest. So könnte ich mir vorstellen, in zwei, drei Jahren auf Salami umzusteigen, wobei noch eine Phase des Übergangs einkalkuliert werden muß. Aber ich glaube, es wäre fair, Claudia schon mal vorzuwarnen. »Hör mal«, werde ich sagen, »es wird sich in absehbarer Zeit bei uns etwas Grundsätzliches ändern.«

Doch Vorsicht, sie könnte einen Heiratsantrag erwarten — nach 17 Jahren Zusammenlebens weiß ich, daß sie einer amtlich abgesegneten Verbindung zuneigt. Sie hatte schon vor 16 Jahren diesen Gedanken geäußert, doch ich konnte damals die Situation abbiegen, indem ich sagte: »Hat es nicht eben geklingelt?« Seitdem ist dieses Thema vom Tisch.

Detailarbeit habe ich eine Fahrtroute ausgeknobelt, die zwar sechsmal länger ist als die direkte, doch hat sie weit weniger Ampeln und niemals einen Stau. So kann ich im 30- bis 40-Kilometertempo zügig drauflosfahren und spare dadurch pro Tag einen zehntel Liter Dieselsprit. Das macht in der Woche einen halben Liter, im Monat .... doch ich verliere mich in Träumereien.

Ungefähr hundert Meter vor der Einfahrt zum Firmenhof halte ich an, steige aus und nehme den Wagen auf die Schultern. Nun trage ich ihn durchs Portal und kann ihn — mit dem Argument, ich hätte eine Panne — direkt neben dem Eingang zum Verwaltungshochhaus abstellen.

Blicke folgen mir, als ich den Flur entlang gehe, und Gespräche verstummen. »Sie haben so etwas Prokuristenhaftes an sich«, hatte mir Angelika Bölter, die Rothaarige aus dem Schreibbüro, beim letzten Betriebsausflug ins Ohr geflüstert, während wir — das Tanzkursheft in der Hand — einen langsamen Walzer produzierten.

Kaum am Arbeitsplatz — ich habe gerade das Kalenderblatt abgerissen und sämtliche Bleistifte exakt zugespitzt —, ruft mich Wehmeier an. Er ist Prokurist und Ende 40. Wenn er mit 65 in Pension geht, rechne ich mir gute Chancen auf seine Nachfolge aus. »Was macht der Brief an Holzer und Co.?« fragt er, »die Sache drängt.« »Ich arbeite seit ungefähr einer Woche daran und habe auch schon so etwas wie eine Strategie«, antworte ich ruhig, »ich hoffe, daß ich ihn dieser Tage auf den Weg bringen kann.« »Wir brauchen keine Strategie«, meint er ein wenig unwillig, »sondern eine geniale Idee, klar?« Ich sage: »Selbstverständlich, Herr Wehmeier« und lege auf.

Das beste wird sein, ich rufe Hanselmann an. Er hat eigentlich immer alles, was man braucht, und löst fast jedes Problem mit seinem Schweizer Offiziersmesser. »Ich suche eine geniale Idee, Hanselmann«, sage ich bedächtig, »haben Sie zufällig so etwas da?« Ich sehe förmlich, wie Hanselmanns Augen über seinen unordentlichen Schreibtisch schweifen. »Im Moment nicht«, sagt er dann, »oder meinen Sie etwa den in Klarlack eingegossenen Käfer? Der wäre doch eine sehr gute Idee?«

Mit anderen Worten: Er versagt. Ich rufe Hiller von der Materialbeschaffungsstelle an. Diesmal frage ich nicht lange, sondern fordere. »Bitte eine geniale Idee«, sage ich mit Festigkeit, »Sie können sie mir rauslegen, ich lasse sie abholen.« »Tut mir leid«, sagt Hiller, »haben Sie einen unterschriebenen Beschaffungsschein oder wenigstens einen Anforderungsbrief?«

Ich muß versuchen, meine Beziehungen spielen zu lassen. Also rufe ich Moser an und schildere ihm das Problem. »Hanselmann behauptet, auf seinem Schreibtisch liegt nicht und Hiller hält sich stur an das Prozedere.«

Moser meint, daß er sich mal an Riehl wenden könne. »Riehl schuldet mir noch was«, sagt er. »Beim letzten Kegelabend waren wir in einer Mannschaft, und ich habe seine Fehler mit zwei Kranzhand wieder ausgebügelt. Er kennt Ziegler vom Beschaffungswesen, und der soll mal ein Auge zudrücken. Es muß auch ohne B-Schein oder Anfo-Brief gehen. Laß mich nur machen.« Danach Besprechung. Es geht um das Thema, ob man dem Organisationsplan die Arbeit zugrunde legen soll oder umgekehrt. Alles redet durcheinander, wild vor Profilierungssucht. Ich persönlich rede nur, wenn ich wirklich etwas Substantielles zur Sache beitragen kann. Also schweige ich. Doch das wenige, das ich sage, trifft ins Zentrum: »Etwas Milch, Herr Wehmeier, für Ihren Kaffee?« Alle verstummen, Wehmeier blickt mich überrascht an. Dann nickt er.

Eintopf in der Kantine

Nach Ewigkeiten geht die Diskussion ergebnislos zu Ende. »Einerseits meint Wehmeier«, ist die Organisation wichtiger als die Arbeit, denn ohne Arbeit kann man leben. Andererseits aber ...«

In der Kantine bestelle ich Eintopf. So muß ich mich nicht aufs Essen konzentrieren, sondern kann mich der neuesten Sendung meines Fernkurses widmen: »Wie repariere ich den Freilauf an meinem eigenen Fahrrad?« (Nach Abschluß winkt ein Diplom.) Angelika Bölter sitzt am Nebentisch und wirft mir einen bewundernden Blick zu. »Immer so fleißig«, ruft sie herüber. »Nur so erreicht man was im Leben«, gebe ich höflich zur Antwort. Ihr Begleiter lacht laut. Ich kenne ihn gut — er ist Abteilungsleiter, aber er wurde es nicht aufgrund von Leistung, sondern durch Glück. Seine Position steht auf tönernen Füßen, doch er weiß es nicht.

Wieder an meinem Schreibtisch, rufe ich sofort Moser an. »Ich habe Riehl nicht erreicht«, sagt er, »und Riehl hat Ziegler nicht erreicht. Tut mir echt leid. Aber du könntest einfach mal beim innerbetrieblichen Fundbüro anrufen und behaupten, du hättest kürzlich eine geniale Idee verloren, und ob sie vielleicht abgegeben worden wäre. Dann nimmst du einfach irgendeine — beschreiben kannst du sie ja — und bist alle Probleme los.« »Das ist eine geniale Idee«, sage ich spontan.

Tatsächlich, die geniale Idee liegt nun vor, und ich muß sie nur noch in den Brief an Holzer einbauen. Holzer reklamiert eine Lieferung Bastuntersetzer, die längst raus ist. Doch Holzer behauptet, sie sei nicht angekommen. »Wir warten dringend«, hat er geschrieben. So kann ich ihm nun antworten, er möge mal auf dem Fundbüro nachfragen.

Als ich später meine Briefkopie von Wehmeier zurückbekomme, hat er doch tatsächlich »genial« an den Rand geschrieben.

Zufrieden mit mir verlasse ich um halb fünf den Betrieb, schultere meinen Wagen bis zur nächsten Ecke und fahre entspannt auf meiner Geheimstrecke nach Hause. Heute, nehme ich mir vor, gehe ich schon um zehn zu Bett, um bis zwölf die Sache mit dem Matterhorn erledigt zu haben. Wer weiß, was man mir danach wieder an Arbeit überträgt.

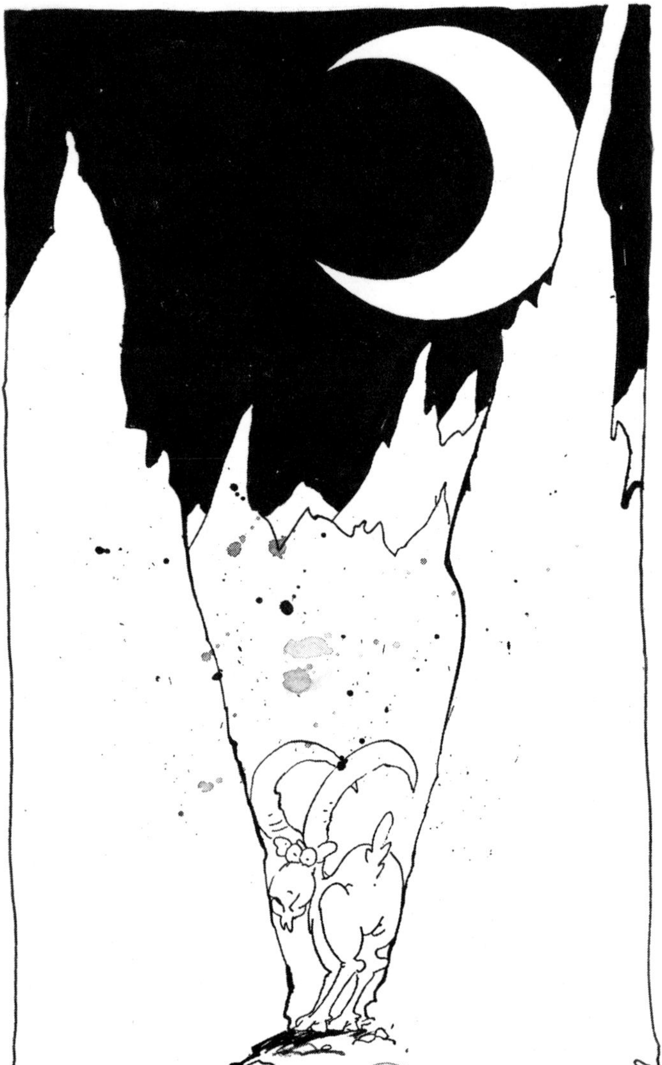

10
Erstaunliches über berühmte Steinböcke

Während Widder meistens Erfolg im Leben haben, weil sie alle Probleme mit stürmischer Energie angehen, den Erfolg an den Haaren packen und sagen: »Du hast jetzt gefälligst hier zu bleiben, kapiert?«; und während Zwillinge das Glück einfach überreden (»Komm, stell dich nicht so an, wir zwei passen doch gut zueinander!«); während die Waage das Glück einfach heiratet und der Schütze es meistens gar nicht erkennt, sondern nur sagt: »Wer bist du denn Ulkiges, mit deinem eigenartigen Füllhorn, komm, gehn wir einen trinken!«, erkämpft sich der Steinbock Glück und Erfolg durch zähe Hartnäckigkeit.

Ein gutes Beispiel dafür ist Konrad Adenauer. Schon in frühester Jugend war es sein tiefster Herzenswunsch, Rosenzüchter zu werden. Als bester Weg hierzu erschien ihm eine Karriere im Staatsdienst. Nur so, meinte Adenauer, habe ich genügend Feierabend und Wochenendfreizeit, um mich der Rosenzucht ausführlich genug zu widmen, und nur so habe ich auch Chancen, eine repräsentative Dienstvilla mit genügend großem Gartenanteil zu bekommen. Da Adenauers Hobby immer größeren Platz beanspruchte, Villa und Park also immer größer werden mußten, wurde er Kölner Oberbürgermeister, Präsident des Preußischen Staatsrats und schließlich deutscher Bundeskanzler. Vorübergehend war er außerdem auch noch Außenminister, weil er meinte, dann eine zweite Villa mit Park zu erhalten, um seine Zucht ausdehnen zu können, aber angeblich war der Bund der Steuerzahler dagegen.

Nutzpflanzen statt Rosenzucht

Natürlich war auch Adenauers Politik ganz auf das Interesse seiner Rosenzucht abgestimmt. So war er vom Morgenthau-Plan zunächst recht angetan: Deutschland als reiner Agrarstaat hätte ihm genügend Fläche für einen Rosengarten gelassen, doch Adenauer fürchtete, die Alliierten würden auf Nutzpflanzen bestehen und die Rosenzucht als einen Versuch der Deutschen ansehen, sich wieder klammheimlich in die Familie der bedeutenden Völker einzuschmuggeln, und so lehnte er den Plan ab.

Er lehnte auch den Vorschlag Stalins ab, Deutschland unter der Zusage strengster Neutralität wiederzuvereinen. »Stalin ist ein altes Schlitzohr«, so Adenauer damals gegenüber einem Vertrauten, »er spielt den Harmlosen, wartet aber nur, bis meine Rosen in voller Knospe stehen, dann marschiert er mit der Roten Armee ein und gräbt sie mit Stumpf und Stiel aus, um sie im Vorgarten seiner Datscha einzupflanzen. Und hier (er wies auf seinen Rosenhag) wird man dann ein Lenin-Denkmal hinstellen oder Mais anpflanzen oder ein Stahlkonkubinat, oder wie das heißt, errichten. Nein, nicht mit mir, mit mir auf keinen Fall!«

»Bauen Sie eine Armee auf!«

Die Amerikaner wußten diese Schwäche ihres deutschen Verbündeten sehr gut auszunutzen. »Mr. Chancellor«, sagte John Foster Dulles immer wieder, »Sie haben so viel zu verteidigen: die Freiheit, die europäische Kultur und nicht zuletzt Ihre Rosenzucht. Gehen Sie kein Risiko ein, sondern treten Sie der Nato bei und bauen Sie eine neue, schlagkräftige deutsche Armee auf!« Adenauer folgte diesem Rat, und somit sieht die deutsche Nachkriegsgeschichte so aus, wie sie aussieht.

Wäre Adenauer in einem weniger hartnäckigen Zeichen geboren worden, beispielsweise als Fisch, so hätte er sich vielleicht der Schleierschwanzzucht gewidmet, und dazu braucht man weder Dienstvilla noch Park, sondern nur ein, zwei Aquarien, die man in jeder Wohnung unterbringen kann. Adenauer wäre also nicht in den Staatsdienst gegangen, und ein anderer Kanzler hätte möglicherweise dem Morgenthau-Plan zugestimmt, was keinesfalls nachteilig für uns gewesen wäre: Wir hätten heute keine Umweltprobleme, jedermann würde uns um unseren Wald und unseren Qualitätswein beneiden, und wahrscheinlich hätten uns die Sieger von 45 inzwischen sogar die Erlaubnis gegeben, wenn schon nicht Rosen, so doch wenigstens Geranien anzupflanzen.

Keine Grünen

Auch die Wiedervereinigung in Frieden und Neutralität, wie es die Russen wollten, wäre möglicherweise erfolgt, hätte ein Kanzler ohne Angst um seine Rosenzucht die deutsche Nachkriegspolitik bestimmt. So hätten wir heute keine Probleme mit Pershing und könnten uns in Ruhe auf unseren Holzbänken zurücklehnen und über Reagans Sorgen mit seinem SDI-Programm lächeln. Die einzigen, die unter diesem anderen Geschichtsverlauf zu leiden gehabt hätten, wären die Grünen — sie hätte es dann nämlich nicht gegeben. Und als vor Jahren Petra Kelly dabei überrascht wurde, wie sie General Bastian etwas ins Ohr flüsterte, da handelte es sich, wie

Freunde der beiden glaubhaft versichern, um die Bemerkung: »Ohne Adenauer sähen wir ganz schön alt aus!« Doch die Medien wußten das nicht und dichteten den beiden ein Verhältnis an.

VW gegen Mercedes

Die Hartnäckigkeit, die einen anderen Steinbock, den VW-Direktor Heinz Nordhoff zum Erfolg geführt hatte, führte ihn auch in den Untergang: Er konnte sich von der Käfer-Idee nicht mehr trennen und plante in seinen letzten Jahren eine achtsitzige Staatslimousine in proportional vergrößerter Käferform, mit der er dem großen Mercedes Konkurrenz machen wollte. Der Wagen sollte zwölf Meter lang und sieben Meter hoch sein, und seinen Motor wollte man auf 53 PS aufblasen. Dadurch aber wurde der Benzintank zu groß, so daß man ihn auf einem eigenen Wagen hätte nebenher fahren müssen, und daran scheiterte dann die Idee. VW geriet in die roten Zahlen, und erst der Golf sorgte wieder für einen finanziellen Lichtblick.

Steinböcke aber neigen nicht nur zur Hartnäckigkeit, sondern kultivieren auch einen extrem spartanischen Lebensstil. Ein Beispiel dafür ist der bekannte Urwalddoktor Albert Schweitzer. Als er einmal von einer Delegation am Bahnhof erwartet wurde und aus der dritten Klasse auftauchte, fragte man ihn in aller Unschuld, warum um Himmels willen er denn dritter Klasse fahre. Schweitzer: »Weil es keine vierte gibt.« Diese Bemerkung kam dem französischen Staatspräsidenten zu Ohren, der daraufhin sofort die französischen Staatsbahnen mit einer vierten Klasse ausrüsten ließ, weil er es als einen Makel empfand, den Wunsch eines so bedeutenden Sohnes einer glorreichen Nation nicht erfüllen zu können. Das Unternehmen indes verschlang Unsummen, so daß die französische Währung in ernste Schwierigkeiten geriet und man den alten Franc durch den neuen ersetzen mußte.

Schweitzer ahnte von all dem nichts, und als er das nächstemal aus der vierten Klasse ausstieg, antwortete er auf die Frage des Reporters, warum er denn vierter fahre: »Weil es keine fünfte gibt.« Um den französischen Staat nicht vollends in die Pleite zu stürzen, traf die Regierung mit den Medien ein Agreement, wonach diese Äußerung Schweitzers nicht publiziert werden durfte.

Alles wäre einfacher gewesen, hätte es sich bei Schweitzer nicht um einen Steinbock, sondern um einen Löwen gehandelt. Dieser hätte einen Sonderzug bestellt, was wesentlich billiger gekommen wäre als Albert Schweitzers vierte Klasse.

11
Der Ausnahme-Steinbock

Wir trafen uns in einem schrägen Lokal in Bahnhofsnähe. Er saß schon da und schien auch schon ein paar zu sich genommen zu haben, denn seine Pupillen hatten einen leichten Überzug.

Jedenfalls schien er zu der Sorte zu gehören, die nach jedem Glas hoffnungsloser werden und denen man hinterher den Braun Micron mit Scherkopf wegnehmen muß, damit sie sich nicht aus Verzweiflung die Pulsadern aufschneiden.

Ich setzte mich auf den Barhocker neben ihn. *»Na«*, sagte ich, *»schon fleißig dabei? Dann mal raus mit der Sprache, wo drückt der Schuh?«*

»Nicht über mich lachen, bitte«, begann er, »aber ich habe einen Charakter, der nicht meiner Bestimmung entspricht. Präzis: Ich bin an einem 3. Januar geboren und trotzdem noch immer kein Anwärter auf den Stuhl eines Direktors. Im Gegenteil, ich bin weiter davon weg als die meisten anderen, die auch keine Chancen haben. Das schmerzt. Denn als Kind hat man mir mal anhand eines Astrologie-Buchs prophezeit, ich würde beständigen und kontinuierlichen Erfolg haben. Man hat mir Hartnäckigkeit, Strebsamkeit und ...«, hier lachte er gluckernd, »Nüchternheit angedichtet. Ernsthaften Ehrgeiz, den Blick stets zielbewußt nach vorn gerichtet — ach, nichts als Illusionen und gutgemeinte Lügen.«

»Sie meinen, nichts davon trifft auf Sie zu?«

»Es trifft auf verhängnisvolle Weise nicht zu. Ich meine, es wäre ja nicht schlimm, wenn mir mein verpfuschtes Leben irgendwie Spaß machen würde. Ich neige zu Alkohol und Indolenz — gut, nichts dagegen, wenn ich wenigstens Spaß dran hätte. Doch in meiner Brust ist statt dessen ein starkes Verlangen nach geordneter Bürgerlichkeit und sozialem Aufstieg. Nur war eben irgendetwas stärker als ich, oder ich selbst war nicht stark genug, jedenfalls: Ich faßte nirgends Tritt, mein Lebensschiff ist immerzu am Schlingern und läuft langsam voll.«

Zwischen Wunsch und Wirklichkeit

Vollaufen ist gut, dachte ich. *»Sie waren sozusagen zwischen Wunsch und Wirklichkeit hin- und hergerissen, nicht wahr? Im Grunde wollten Sie ein kreuz-*

braver Steinbock sein, aber immer kam etwas dazwischen, aus urdunklen Gründen, ja?«

»Exakt, und das ist eigentlich die wahre Tragik meines Lebens: daß ich gut sein will, aber eben immer wieder abrutsche.«

»Wie äußert sich das im einzelnen?«

»Es begann schon in der Kindheit. Ich hatte mir so sehr einen Märklin-Baukasten gewünscht, und man sagte sofort: Wunderbar, typisch Steinbock, er möchte Konstruktuer werden. Aber als ich den Kasten hatte, was tat ich da? Ich ging hin, verkaufte ihn zum halben Preis an einen Schulkameraden und brachte den Erlös mit einem schlechten Mädchen aus der Nachbarschaft durch, das mich ausnahm und sich ein Eis ums andere bezahlen ließ.«

Vergnügen auf der schiefen Bahn

»Nun ja, die schlechten Mädchen gelten ja als die besten. Aber immerhin: Schon damals also — Generalrichtung schiefe Bahn.«

»Leider ja, aber im Grunde ohne das große Vergnügen, das die schiefe Bahn ja üblicherweise macht. Und so war's auch in der Schule: Ich war fleißig und brachte gute Noten — aber bei entscheidenden Arbeiten drückte ich mich und kümmerte mich um alles mögliche, was mich eigentlich gar nichts anging. Beispielsweise wie man es schafft, Millionen aus EG-Geldern zu bekommen, indem man mit einem LKW voller Schweinehälften von Straßburg nach Kehl und wieder zurück fährt.«

»*Und wie ging's weiter?*«

»*Es kam, wie es kommen mußte: Da ich immer schlechtere Noten schrieb, flog ich von der Schule, indem man mich von zwei Sportlehrern aus dem ersten Stock werfen ließ. Ich kam verzweifelt zu Hause an, aber meine Familie wandte sich von mir und wollte nicht mit mir zusammen deprimiert sein, sondern schickte mich auf mein Zimmer. Ein paar Jahre später schien mir das Schicksal noch mal eine Chance geben zu wollen: Ein anständiges und ernsthaftes Mädchen verliebte sich in mich, und ich hätte es gut gehabt, denn sie sollte mal ein Wollgeschäft erben. Aber wieder kam was dazwischen: Ich fiel schlechten Menschen in die Hände, die behaupteten, Mireille Matthieu liebe mich, und schon war ich wieder abgelenkt. Ich bin zwar mehr für Blondinen, aber ich stieg sofort auf dieses Abenteuer ein. Wenn ich dran denke, was ich alles auf mich nahm!*«

»*Nämlich?*«

»Nun ja, die Kerls hatten einen angeblichen Brief von Mireille dabei, indem diese mich bat, einen giftigen Lindwurm zu töten, der sie mal ausgezischt und zu Tode gekränkt hatte. Angeblich wohnte er in der Johannesstr. 27, zweiter Stock links.«

»*Und, haben Sie die Aufgabe gelöst?*«

»Gewiß, aber es war natürlich nicht einfach, denn der Kerl sah so aus, wie man's aus Büchern weiß:

krokodilähnlich, unsympathisch und schuppig. Und natürlich immer feuerspeiend. Er war schon sauer, als er aufmachte, denn er meinte, ich wolle ihm ein Bauherrnmodell andreh'n, und zischte wütend, so daß ich schon bereute, mein Schwert nicht mitgenommen zu haben. Aber ich sagte einfach, man würde gerade seinen Wagen abschleppen, weil er vor irgendeiner Einfahrt stünde, und sofort bekam er einen Tobsuchtsanfall, spuckte Feuer wie wahnsinnig, worauf ich sofort sämtliche Türen und Fenster schloß, so daß er an Rauchvergiftung aufgrund eines Schwelbrands einging. Ich machte noch ein Polaroid-Foto, um für Mireille was in der Hand zu haben, und fuhr sofort nach Paris, wo ich sie auch prompt in der Garderobe vom Olympia aufstöberte und meinen Lohn kassieren wollte. Aber natürlich war alles gelogen — Mireille tippte sich an die Stirn, und ich wurde von zwei kräftigen Leibwächtern rausgeworfen. Nun stehen Sie mal in Paris — ohne Geld und Sprachkenntnisse!

»Chaotisch, in der Tat, und nicht Steinbock-like.«

»Sie sagen es. Nun, ich versuchte erneut, in einem bürgerlichen Beruf Fuß zu fassen, und fing bei einem bedeutenden Automobilkonzern in der Buchhaltung an. Eine Weile ging alles gut, und ich glaubte schon, es endlich geschafft zu haben, aber wieder ritt mich der Teufel: Ich veranlaßte den Computer, eine längst fällige Rechnung zu bezahlen! Natürlich kam das Ganze bei der nächsten Revision raus, und ich wurde fristlos gefeuert — zwei athletische Werkschutzmänner schmissen mich durch Portal 21. Und jetzt bin ich also regelmäßig hier, nähere mich in Riesenschritten dem Alkoholismus und sehe überall zwei Männer, die mich wieder mal rausschmeißen wollen. Ich frage Sie, als meine letzte Rettung, was hat das alles zu bedeuten, und was mache ich nur falsch?«

Einer hat quergeschossen

Ich legte ihm beruhigend die Hand auf den Arm. *»Beruhigen Sie sich, alles ist jetzt vorüber. Von jetzt an werden Sie garantiert ein tüchtiger und vernünftiger Steinbock sein. Ihr Bedürfnis nach Bürgerlichkeit wird befriedigt, und alle Qual hat ein für allemal ein Ende.«*

Er zitterte wie Espenlaub, und seine Stimme drohte zu versagen, als er heiser hüstelnd fragte: »Ist das Ihr Ernst oder auch wieder so ne faule Tour wie die Sache mit Mireille?«

»Alles ist ehrlich, Sie dürfen mir glauben. Sehen Sie, die Lösung war im Grunde ganz einfach. Sie haben ja immer den Willen gehabt, gut und tüchtig zu sein, Ihre Substanz war also völlig in Ordnung. Nur: Irgend jemand hat immer quergeschossen, nicht wahr? Nun, wir haben den Übeltäter: Es war Ihr Aszendent.«

»Mein Aszendent? Oh, wie konnte er mir nur das alles antun! Wo ist er jetzt?«

»Keine Angst, wir haben ihn gerade noch erwischt — am Flughafen. Er war dabei, sich nach Argentinien abzusetzen, und hat auch alles gestanden. Von Anfang an hat er Ihre Trigone und Konjunktionen durcheinandergebracht, er hat Ihre Planeten falsch aspektiert und Ihren Mond ungünstig bestrahlt. Die Taschenlampe haben wir sichergestellt, die Batterien waren fast leer. Aber jetzt sitzt er hinter Schloß und Riegel und kann Ihnen nichts mehr tun. Sie können also von jetzt an ein ganz normaler, karrierebewußter Steinbock sein und gehen einer erfolgreichen Zukunft entgegen. Na, wie gefällt Ihnen das?«

Er war den Tränen nahe. »Und ich werde jetzt ganz normal leben können, ich werde Sparverträge machen und Lebensversicherungen abschließen, wie ich es mir immer schon gewünscht habe?«

»Natürlich«, sagte ich lächelnd, *»zwei Versicherungen habe ich schon vorbereitet, Sie müssen nur noch unterschreiben. Bitte, hier rechts.«*

12
Der Steinbock und der Rest des Tierkreises

Daß Steinböcke sich gut mit der Jungfrau vertragen, ist nicht weiter erstaunlich. Schließlich findet man ja dieses Tier ausschließlich im Hochgebirge, und die Jungfrau ist immerhin über 4000 m hoch — kein Wunder, daß die beiden blendend miteinander auskommen. Doch leider ist die Jungfrau der einzige Berg im Tierkreis, und daran liegt es wohl, daß der Steinbock so wenig Freunde hat — alle halten ihn für einen einsamkeitssüchtigen Einzelgänger, und bestenfalls ruft er noch dem Murmeltier ein Scherzwort über den Abgrund zu. Doch die wenigsten Menschen sind im Zeichen des Murmeltiers geboren, vor allem, weil dieses Tierkreiszeichen zu Beginn der Neuzeit abgeschafft wurde, da man durch die schärferen Ferngläser erkannte, daß die sieben

Sterne, die das Murmeltier am nördlichen Sternhimmel gebildet hatten, in Wahrheit das verschwunden geglaubte sagenhafte Sternbild »Großer Gartengrill« darstellten, von dem schon Horaz berichtet.

Man konnte aber mit dieser Entdeckung nichts anfangen, denn sie hätte den gesamten Zodiak durcheinandergebracht, und so teilte man dieses Zeichen einfach auf, indem man einen Teil dem Wassermann, den anderen aber den Plejaden zuschlug.

Doch wir wissen ja, daß es sich bei den Tierkreiszeichen mehr um Symbole handelt, d. h. man muß nicht alles so wörtlich nehmen, sondern das Psychologische dahinter sehen, und dann kommt man zu ganz anderen Erkenntnissen. Vor allem der Steinbock darf aufatmen — kommt er doch dadurch in die angenehme Situation, weitaus mehr Freunde zu haben als nur Jungfrau und Murmeltier sowie die wenigen Personen, die im Sternbild der Großen Seilschaft geboren sind.

Steinbock und Widder

Diese Verbindung kann problematisch werden, weil die beiden mitunter an der Garderobe das Gehörn verwechseln. Vor allem dem stürmischen Widder passiert dies immer wieder — ungeduldig, wie er nun mal ist, greift er zum nächstbesten, guckt nicht hin, sondern setzt auf, was er gerade in der Hand hat, und saust los. Spricht man ihn unterwegs drauf an, so sagt er: »Na und, was soll's? Sie hätten auch mal wieder einen Frisör nötig!« Ganz anders der sorgfältige Steinbock, der alles mit Bedacht anpackt. Wenn er das eingedrehte Widdergehörn am Haken vorfindet, schüttelt er verzweifelt den Kopf, was aber eigentlich nicht sein müßte, denn dem Steinbock steht im Grund das fesche Widderhorn recht gut, besonders wenn er es etwas schief aufsetzt, die Hände in die Taschen steckt und La Paloma pfeift.

Steinbock und Stier

Hier tun sich ähnliche Probleme auf, doch muß man sagen, daß in diesem Fall eine Verwechslung keine Vorteile bringt. Sowohl der Stier mit Steinbockhörnern als auch der Steinbock mit dem Stiergehörn sehen albern aus, so daß jeder schon von sich aus auf das Richtige achtet. Zudem sind beide sehr geschmackssicher — Stier- wie auch Steinbock-Frau stehen oft stundenlang vorm Spiegel und würden niemals ein Gehörn aufsetzen, bei dessen Anblick nicht mehrere Männer anerkennend hinterher pfeifen.

Steinbock und Zwilling

Hier hat der Steinbock Mühe, denn ehe er sich auf den Standpunkt des Zwillings eingestellt hat, ist dieser schon wieder bei einem ganz anderen. »Du warst doch gestern noch für die Jungen Wilden«, sagte der Steinbock vorwurfsvoll, »und nun habe ich drei Pakete davon im Sonderangebot gekauft, und was ist? Du möchtest plötzlich Elfenreigen. Soll ich's umtauschen?« »Ach laß mal«, sagt der Zwilling, »ich glaube, wir nehmen ganz was anderes, nämlich einen jungen wilden Elfenreigen, also Original-Fotos vom FKK-Strand auf Korsika.«

Steinbock und Krebs

Handelt es sich um die Steinbock-Frau, so hat sie nicht viel Spaß an dieser Verbindung, denn der Krebs lehnt sich gern an. Dies ist besonders auf Parties etwas hinderlich. Denn erstens sieht es komisch aus, wenn sich immer jemand an einen anlehnt, zum anderen stört es das tiefe Gespräch, denn man muß aufs Gleichgewicht halten und ist abgelenkt. Anders ist es, wenn der Steinbock der Mann ist. Dieser hat es gern, wenn sich die Krebsin anlehnt, weil er dann einen guten Grund hat, eine zweite Dame zu bitten, sich aus der anderen Richtung gegen ihn zu lehnen, damit er nicht umkippt. Schlau!

Steinbock und Löwe

Der realistische Steinbock hat im Umgang mit dem Löwen gewisse Probleme. Soll er ihm sagen, was er von ihm hält, oder ihn den Allergrößten sein lassen? Oft versucht er's mit freundlichem Runterhandeln. »Gut«, sagt er, »du hältst dich also für der Welt größten Einparker. Wie wär's denn mit: der größte Einparker von Walsrode. Oder: der größte Einparker von Walsrode, der in der Gustav-Freytag-Straße wohnt? oder: der größe Einparker, der direkt nach mir kommt — noch vor unserer dreijährigen Tochter.«

Steinbock und Jungfrau

Dies ist die Verbindung von zwei Leitz-Ordnern, die sich auf den ersten Blick sympathisch sind und jederzeit bei sich selber nachschlagen können, wo sie sich auch auf Anhieb finden. Besonders im häuslichen Bereich funktionieren beide gut miteinander, wobei hier der Steinbock für die große Linie zuständig ist, während sich die Jungfrau mehr ums Detail kümmert. Das sieht so aus, daß der Steinbock gut mit Besen und Staubsauger umgehen kann, die Jungfrau aber mit Lupe und Pinzette die kleinen Schmutzreste aus den Ecken holt. So hat jeder sein genau abgegrenztes Gebiet, man gerät sich nicht in die Haare, und die Wohnung bleibt sauber.

Steinbock und Waage

Während die Waage vorwiegend auf dem Sofa liegt und sich die Zehennägel lackiert, wobei sie Welt und Leben rein denkerisch bewältigt, steht der Steinbock

schwer atmend und mit hängenden Armen vor ihr und wartet auf konkrete Ideen. Auch in Gelddingen gibt's Probleme. Denn der Steinbock legt gern was auf die hohe Kante, während die Waage sofort herauskriegt, wo sich diese Kante befindet, die trittfeste Leiter anstellt, die Kante abräumt und sich dann sofort ein luftiges Sextil kauft.

Steinbock und Skorpion

Diese beiden harmonieren sehr gut miteinander, vor allem, weil der Steinbock dem Skorpion jederzeit sagen kann, wo er seinen Stachel hingelegt hat. Beide tragen vorwiegend dunkle Anzüge und wirken etwas abschreckend auf andere. Dies mag daran liegen, daß sie sehr ernsthaft sind und zur Humorlosigkeit neigen. Denn lt. Statistik lacht der Skorpion im Schnitt dreieinhalbmal pro Jahr — vor allem, wenn ein Kellner mit vollem Tablett hinfällt —, während es der Steinbock immerhin noch auf bis zu zwei kräftige Lacher im Jahr bringt, allerdings nur im Schaltjahr. Doch dafür sind diese Lacher genau geplant, und der Skorpion kann sich darauf einstellen und rechtzeitig ein Flasche Sekt in den Kühlschrank tun.

Steinbock und Schütze

Diese beiden sind schon von ihren Grundanlagen her verschieden. Denn der Schütze neigt zur Expansion, aber der Steinbock verbietet ihm das. Mit anderen Worten: Der Schütze kriegt leicht Übergewicht, und der Steinbock setzt ihn auf Diät. Das hat zur Folge, daß sich der Schütze immer wieder nachts in die Küche schleicht, so daß er morgens ganz erschlagen ist und im Büro Ärger bekommt, was seiner Karriere schadet. Dies wiederum bringt den

Steinbock auf, der gern einen schlanken und erfolgreichen Gefährten hätte. Leider aber erreicht er so beim Schützen das Gegenteil — er bekommt einen dicklichen Träumer, der den ganzen Tag über nicht den Posten des Abteilungsdirektors vor Augen hat, sondern das kalte Brathähnchen aus dem Kühlschrank.

Steinbock und Steinbock

Diese Kombination erinnert an die Armee afrikanischer Kleinstaaten, wo es zwei Generäle gibt, aber keine Rekruten. Mit anderen Worten: Hier sind zwei, die befehlen wollen, aber keiner ist da, der die Befehle ausführt. So etwas muß frustrierend wirken, und so sollten sie einen Plan machen, wer wann durch den Schlamm kriechen muß, während der andere breitbeinig danebensteht und den Daumen nach unten hält. In jedem Fall bringt diese Verbindung wenig, weshalb sparsame Steinböcke, besser tun, sich einen großen Zimmerspiegel anzuschaffen, in dem und aus dem sie sich dann stundenlang düster anschauen können.

Steinbock und Wassermann

Während der Wassermann die Welt von innen heraus sieht, betrachtet sie der Steinbock von außen. In der Realität bedeutet das, daß der Wassermann ein faszinierendes geistiges Gebäude errichtet und souverän aus dem zweiten Stock auf den Swimmingpool blickt, der Steinbock hingegen steht davor und kritisiert die Farbe der Fensterläden. Und alle Hinweise des Wassermanns, daß die Läden exakt dem kritischen Geist der Frankfurter Schule in den 70er Jahren entsprächen und von Adorno persönlich signiert seien, kann den Steinbock nicht in seiner Meinung beirren, daß es die gleiche Sorte im Obi-Baumarkt aus Kunststoff gibt und dazu viel billiger.

Steinbock und Fisch

Der Fisch in seinem negativen Optimismus ärgert sich darüber, daß er sich freut. Der Steinbock wiederum mit seinem positiven Pessimismus freut sich darüber, daß er sich ärgert. So ergänzen sich die beiden. Darüber hinaus braucht der weiche Fisch den Steinbock als stabilen Orientierungspunkt, und wenn es nachts irgendwo knarrt, kann er unter die Decke kriechen, denn er weiß: Der Steinbock sieht nach, und wenn er auf einen Einbrecher stößt, weist er ihn barsch aus dem Haus, läßt ihn aber vorher den Wagen waschen.

13
Steinbock-Variationen (Der Aszendent)

Kein Steinbock ist wie der andere. Der eine ist zäh und ausdauernd, der andere geduldig und voll Hartnäckigkeit. Der eine hält sein Geld zusammen, während der andere keinen Pfennig ausgibt, und ein dritter wiederum ist vielleicht besonders sparsam.

Die Astrologen wissen ganz genau, woran das liegt: am Aszendenten. Der Aszendent ist eine Art von Himmelserscheinung zum Zeitpunkt der Geburt, der sich zwischen Ostpunkt und Ekliptik — oder auch mal eine Haltestelle später — einfindet und für die Bildung der Persönlichkeit eine große Rolle spielt. Aber wer achtet schon bei seiner Geburt auf sowas! Jedermann, der sich ein bißchen mit höheren Dingen beschäftigt und nicht nur die Bundesligatabelle im Kopf hat, weiß, daß die Geburt eine Art von umgekehrtem Sterbevorgang ist. Dieser aber, so bezeugen es die Reinkarnierten, stellt sich als ein Weg dar, der durch einen Tunnel führt, an dessen Ende es hell ist, und eine weißgekleidete Figur sagt: »Schön, daß du endlich da bist!« Stellt man sich nun die Geburt als einen Vorgang auf genau umgekehrtem Weg vor, so kommt man aus dem Licht durch den Tunnel ins Dunkle — aus dem beleuchteten Mutterleib also in den finsteren Kreißsaal. Wer aber soll da den Aszendenten sehen!

Kein Wunder also, daß kein Mensch seinen Aszendenten kennt und auch auf der Straße grußlos an ihm vorbeigeht. Man muß schon seine genaue Geburtsstunde wissen, um ihn bestimmen zu können. Dann aber weiß man auch, warum man ein hartnäckiger Steinbock ist oder aber ein sparsamer. Hier sind die zwölf Kombinationsmöglichkeiten.

Steinbock, Asz. Widder

Dieser Steinbock besticht durch den energischen Schwung, mit dem er seine Unterschrift unter seine Lebensversicherungen setzt. Und durch seinen kraftvollen Einsatz schafft er es immer wieder, den Vertreter in zähen Verhandlungen dazu zu bringen, über eine höhere Summe abzuschließen. Seine Hartnäckigkeit hat etwas Dynamisches, und er arbeitet rastlos, um sich immer mehr und immer höhere Versicherungen leisten zu können. Als Höhepunkt seines Lebens betrachtet er es, wenn ihm mit 65 alle Versicherungen ausbezahlt werden, so daß er das somit freigewordene Kapital sofort in einer gigantischen Überversicherung wiederanlegen kann, damit er im Alter von 105 nicht mittellos dasteht.

Steinbock, Asz. Stier

Dieser Mensch wird niemals einen Kompromiß eingehen, auch wenn ihn der Kompromiß noch so sehr darum bittet. In seinen Ansichten ist dieser Mensch unerschütterlich, weshalb man die Ansichten solcher Menschen gern als Fundament von Hochhäusern benutzt, vor allem in erdbebengefährdeten Regionen wie Tokio, Südpersien und San Francisco. Die Ansichten der Stier-Steinböcke werden neuerdings auch mit Titan legiert und für dic Außenhaut der Space Shuttles verwendet, da sie sich als völlig abriebfest erwiesen haben. Hätten die Ansichten dieser Leute etwas mehr Glanz, dann könnte man daraus einen dauerhaften Modeschmuck anfertigen, doch in dieser Hinsicht darf man nichts erwarten, da sie keinerlei Kompromisse eingehen.

Steinbock, Asz. Zwilling

Diese Menschen wissen oft nicht, ob sie in einer Sache hartnäckig bleiben oder nachgeben sollen. Dies hat zur Folge, daß sie mitunter auf eine besonders hartnäckige Weise nachgeben. Sie geben also auch dann noch nach, wenn der andere darauf gar keinen Wert mehr legt. Doch kann dies den Zwilling-Steinbock nicht beeinflussen — einmal zum Nachgeben entschlossen führt er dieses Vorhaben kompromißlos zu Ende und zwingt jeden Gegner, seine Nachgiebigkeit widerspruchslos hinzunehmen.

Steinbock, Asz. Krebs

Diese Menschen schwanken zwischen Pessimismus und Niedergeschlagenheit, und sie wissen nicht, ob sie weinen oder verzweifelt sein sollen. Das Leben, das vor ihnen liegt, erscheint ihnen düster, und deshalb leben sie gern in der Vergangenheit, die sie grundsätzlich für besser ansehen. Viele Krebs-Steinböcke sieht man deshalb dasitzen und versonnen zur Uhr blicken. Gleich, so sagen sie sich, wird die Gegenwart Vergangenheit sein, und dann habe ich wieder Grund zur Freude. Man kann einen solchen Menschen in den Selbstmord treiben, wenn man seine Uhr anhält. Denn: Ohne Zeit keine Zukunft, und ohne Zukunft keine Vergangenheit, nach dem Motto: Ich freu' mich auf morgen, denn da ist das Heute das Gestern. Etwas kompliziert, diese Naturen.

Steinbock, Asz. Löwe

Hier paart sich die Arroganz des Steinbocks mit der Überheblichkeit des Löwen, und das macht diesen Menschen unfähig zu sagen: »Würden Sie mir bitte mal den Zucker reichen?» Was zur Folge hat, daß diese Leute ihren Kaffee ohne jeden Zusatz trinken, einfach um nicht in die Verlegenheit zu kommen, andere um etwas bitten zu müssen. Umgekehrt aber darf man daraus folgern, daß es sich bei Menschen, die ihren Kaffee ohne alles zu sich nehmen, um solche hochnäsigen Löwe-Steinböcke handelt, die vom unverfälschten Kaffee-Aroma schwärmen, in Wahrheit aber das bittere Zeug mit Widerwillen hinunterwürgen und lediglich unfähig sind, sich von einem Mitmenschen Milch und Zucker reichen zu lassen.

Steinbock, Asz. Jungfrau

In dieser Kombination paart sich Vorsorge-Bedürfnis mit geschicktem Anlage-Verhalten. Der Steinbock in diesem Menschen hat den Trieb, Geld anzulegen, und die Jungfrau in ihm sagt, wie er's tun soll. Auf diese Weise erreicht der Jungfrau-Steinbock sehr schnell einen Zustand von erfreulichem Reichtum, so daß er es sich leisten kann, früher alt zu werden. Oft beginnen diese Leute ihren Lebensabend schon mit 35 und sind in allen Altersheimen gern gesehene Mitglieder, da sie Schwung und Fröhlichkeit mitbringen, Schunkelabende organisieren und bunte Scherzhütchen verkaufen, wobei sie allerdings darauf achten, daß die Gewinnspanne mindestens 70 % beträgt.

Steinbock, Asz. Waage

Der Waage-Anteil in diesem Steinbock macht ihn etwas sinnenfroher. Er hortet seinen Reichtum nicht nur fürs hohe Alter, sondern möchte ihn jetzt schon genießen. Das hat zur Folge, daß Waage-Steinböcke gern größere Geldscheine rahmen lassen und damit die Wände ihres Heims schmücken. Auch können sie sich stundenlang in den Anblick eines Degussa-

Goldbarrens oder Krüger-Rands verlieren, wobei sie eine goldene Schallplatte abspielen. Geistig differenzierte Typen, die sich für abstrakte Kunst interessieren, dekorieren dagegen gern ihre Wohnung mit Immobilien-Fonds-Zertifikaten, Sparbüchern mit vereinbarter Kündigungsfrist sowie ihrem Schriftwechsel mit der Bausparkasse.

Steinbock, Asz. Skorpion

Dieser Mensch ist völlig seinem Ehrgeiz und seiner Arbeit verfallen, und man kann ihm keine größere Freude machen, als wenn man ihm eine Rolle Isolierband schenkt, mit dem er sich dann völlig von der Außenwelt abschirmt. Dies gelingt ihm auch problemlos, da er aufgrund seiner finsteren Züge im Dunkel kaum zu sehen ist und mithin unbemerkt seiner triebhaften Sparsamkeit nachgehen kann. Nur selten wird deshalb ein Skorpion-Steinbock erwischt, wenn er sein Sparbuch nachts zur Bank bringt, um die Zinsen nachtragen zu lassen, wobei er seine ganze Grausamkeit an Beträgen unter drei Mark 80 ausläßt.

Steinbock, Asz. Schütze

Dieser Steinbock liebt Tiere und sogar Pferde, und viele würden sich liebend gern dem Reitsport widmen, wenn sie es schaffen könnten, im Sattel zu bleiben. Auch findet man sie häufig auf Schießständen, wo sie aber in ihrem selbstquälerischen Eigensinn die Waffe meistens auf sich selbst richten, so daß Verletzungen in diesem Zeichen nicht selten sind. Schütze-Steinböcke reisen auch gern, verkleiden sich dabei aber als Zugschaffner, so daß sie nachkassieren können und selbst nichts zu zahlen brauchen. Viele ergreifen deshalb ganz offiziell den Beruf des Schaffners und behaupten dann frech, daß sie ihr Leben in vollen Zügen genießen.

Steinbock, Asz. Steinbock

Dieser Mensch ist so ziemlich das Verschlossenste, das man sich denken kann, und seine Frau weiß in den ersten Jahren der Ehe noch nicht einmal seinen Namen, so daß sie Verwandte fragen muß, wenn sie wissen will, wie sie heißt, um einen Scheck zu unterschreiben. Auch in Gelddingen ist er zurückhaltend, doch zeigt er ihr immer zu Weihnachten seine Sparbücher, und sie darf als Geschenk einen Blick auf die Endsumme werfen. Daraufhin ist sie ganz entzückt, holt das übriggebliebene Gebäck vom vergangenen Jahr aus dem Keller, und dazu trinken sie Weinessig mit einem Schuß Sprudel, was dem doppelten Steinbock als trockener Sekt gilt, und sie verleben ein hinreißendes Fest. Manchmal kann ein solches außerordentliches Fest an irgendeinem anderen Tag des Jahres stattfinden, z.B. wenn Weihnachten auf Ostern fällt.

Steinbock, Asz. Wassermann

Dieser zur Originalität neigende Steinbock schlägt gern die künstlerische Karriere ein, indem er als begabter Maler anfängt und als Direktor einer Kunstgalerie mit Pensionsanspruch endet. Denn natürlich wird ihm immer als Ziel vor Augen stehen, im Alter unabhängig zu sein, und außerdem liebt er es, Untergebene zu haben, die nach seinen Anweisungen Bilder aufhängen. So sieht er seine Zeit als schöpferischer Künstler immer nur als einen Übergang und ruht nicht eher, als bis er es geschafft hat, andere für sich malen zu lassen. »Man muß bereit sein, ganz klein anzufangen«, meint er.

Steinbock, Asz. Fisch

Ein Steinbock der eine gehörige Portion Gefühl mitbekommen hat. Normalerweise sieht er das Gefühl rechtzeitig und kann drumrumgehen oder es zur Seite räumen, muß sich allerdings hinterher die Hände in einem scharfen Allzweckreiniger waschen, denn Gefühl klebt meist. Bei Dunkelheit aber kann es schon mal passieren, daß er über ein Gefühl stolpert, während ihm ein anderes — also wenn er mehrere solche »Gefühle« hat — von hinten die Augen zuhält und ruft: Wer ist's? Er ist dann verzweifelt, und seine Frau sagt zur Nachbarin: »Mein Mann und seine Gefühle, das ist vielleicht ein Problem.«

14
Der Steinbock und sein zehntes Haus

Wir alle wissen, daß man in der Astrologie nicht weiterkommt, wenn man nicht auch die Häuser berücksichtigt. Denn was nützen alle Trigone und Aspekte, alle Quadrate und Sextile, wenn man auf die Frage: Und was ist mit dem Haus? die Antwort schuldig bleiben muß oder sich mit Bemerkungen herauswindet wie: Was soll ich mit einem Haus, wenn schon das Grundstück nicht mehr bezahlbar ist, die Rendite in den Keller fällt und der § 7 b nach Australien ausgewandert ist? Wer so antwortet, zeigt, daß er zwar einen harten Gesprächspartner für einen Bausparkassen-Vertreter darstellt, von Astrologie aber keinerlei Ahnung hat.

Jedenfalls: Die Häuser gehören zum Horoskop, und jedem Tierkreiszeichen ist ein solches Haus zugeordnet. Die Hausnummer 10 gehört dem Steinbock. Dabei handelt es sich um ein kardinales Erdhaus und das letzte Eckhaus der gesamten Straße. Es ist ein ruhiges Haus, in dem noch lange nach Mitternacht Licht brennt, denn der Bewohner ist fleißig und voller Ehrgeiz. Das zehnte Haus nämlich steht für so abschreckende Dinge wie Beruf, Karriere und Pflichterfüllung. Und je nachdem, welcher Planet sich gerade in diesem Haus aufhält, hat das einen besonderen Einfluß auf den Bewohner.

Vorgezogene TV-Rente

Mit der Sonne im zehnten Haus sind die Bewohner unentwegt beschäftigt, verkehren miteinander nur per Aktennotiz und tragen bedeutende Titel wie: Bereichsdirektor Küche, General-Manager Kehrwoche oder Abteilungsleiter Grünpflanzen. Oft vereinigt ein Familienmitglied mehrere Titel in sich und muß sich deshalb bei den wöchentlichen Besprechungen hart attackieren und in die Enge treiben lassen. Wer Glück hat, dem wird nach der Jahresbilanz das Vertrauen entzogen, und man schickt ihn ins Wohnzimmer auf vorgezogene TV-Rente.

Mit dem Mond im zehnten Haus ist der Bewohner ebenfalls sehr ehrgeizig, doch träumt er hier mehr vom Erfolg, als daß er ihm unter Tag nachjagt. Oft — besonders wenn der Vollmond im zehnten Haus steht — hört die Ehefrau ihren Mann im Schlaf seitenlange Briefe diktieren, in denen er schnörkellos zur Sache kommt und auch unpopuläre Entscheidungen trifft. Meist schließt er die Briefe mit dem Satz: Nach Diktat verreist!, dreht sich zur Seite und schläft weiter, bis er nach ungefähr einer Stunde, wenn die REM-Phase wieder beginnt, mit den Worten weitermacht: Nun, Frl. Federlin, was war los, während ich in Bad Harzburg war?

Auf Parties der Schickeria

Mit Merkur im zehnten Haus, besonders wenn es sich um einen rheinischen Merkur handelt, der eine gewisse Fröhlichkeit und Leichtlebigkeit mitbringt, neigt der Bewohner zu Überstunden, die er aber nur selten im Büro ableistet. Meistens läßt er sich von der Sekretärin in ihre Wohnung einladen, wo er mit ihr intensiv Akten studiert und sie schließlich bittet, alles abzulegen. Und zwar ordnungsgemäß und ohne jeden Hintergedanken.

Mit Venus im zehnten Haus hat der Bewohner künstlerische Begabung und beschäftigt sich vor allem mit dem Frauenakt, wobei er wegen seiner Unentschlossenheit häufig die Modelle wechselt. Dieser Mensch macht Karriere, indem er einen bedeutenden Kunstpreis erhält, nach München zieht und gern auf Parties der Schickeria verkehrt, wo er unter der Bezeichnung »Unser Kunstpreiß« schnell populär wird.

Mit Mars im zehnten Haus macht der Bewohner meist eine steile Karriere bei der Bundeswehr, wo er es bis zum Zahlmeister bringen kann. Doch steht ihm auch eine erfolgreiche Laufbahn in der Schokoladenindustrie offen, wo er es vor allem im Bereich: »Harter Erdnußkern mit süßem Überzug« zu etwas bringen kann. Und wenn Mars dann noch als Treets auftritt, kann man ihm sogar die Hand schütteln, ohne sie hinterher waschen zu müssen. Läßt Mars seinen Charme spielen, nennt man ihn »Smartie«.

Alarmruf beim Notarzt

Mit Jupiter im zehnten Haus ist der Bewohner schauspielerisch begabt, so daß ihm immer das Richtige einfällt, wenn er mal später nach Hause kommt oder ihm die Hausfrau die Garderobe-Marke aus der Femina-Bar anklagend vor die Nase hält. In diesem Fall verdreht er die Augen, greift sich röchelnd ans Herz und bricht so kunstvoll zusammen, daß er gerade noch aufs Sofa fällt. Sofort ruft die Frau den Notarzt an, vergißt Zorn und Garderobe-Marke, und sobald der Arzt verbindlich zusagen kann, daß der Patient gute Chancen hat, die Nacht zu überstehen, ist alles wieder gut.

Mit Saturn im zehnten Haus ist der Bewohner ein rücksichtsloser Machtsteber und so verhärtet, daß er größte Schwierigkeiten beim Hinsetzen hat. Oft muß man ihm lange die Gelenke massieren, was

v8

beim Mittagessen immer wieder zu Unstimmigkeiten führt, da hinterher alles kalt ist. Auch beugt dieser Mann niemals sein Haupt, so daß der Frisör riesige Probleme hat, wenn er ihm den Nacken säubern will.

Mit Uranus im zehnten Haus hat der Bewohner meist etwas Umstürzlerisches an sich und schlägt die Laufbahn eines Revolutionärs ein. Er beginnt, indem er zunächst Fisch mit dem Messer ißt, und arbeitet sich weiter nach oben als Verteiler von Platzkarten für Mutlangen. Er krönt seine Laufbahn mit einem ausgedehnten Briefwechsel mit Lech Walesa und Bischof Tutu, der darin gipfelt, daß er beiden alles Gute wünscht.

Schutzpatron der Weinhändler

Neptun im zehnten Haus gibt dem Bewohner eine tiefe Beziehung zu allem, was mit Seele und Wasser zu tun hat. Lyrisch begabte Hersteller von Surfbrettern haben in aller Regel den Neptun im 10. Haus. Doch weist dieser Planet auch auf geistigen Führungsanspruch hin, wie es beispielsweise beim tibetanischen Pantschen Lama der Fall ist, der bei uns vor allem von den Weinhändlern als Schutzpartron verehrt wird.

Steht Pluto im zehnten Haus, so haben wir es mit einem Bewohner zu tun, der eine große Begabung zur Magie hat. Doch aufgrund seines Pessimismus wird er auch als Hellseher immer schwarzsehen und kann Unheil schon von weitem wittern. Er braucht nur aufs Fernsehprogramm zu schauen, und schon weiß er, welcher Krimi ausfällt, um einer aktuellen Sondersendung über die Aufständischen im südlichen Sudan Platz zu machen.

Soviel also zum zehnten Haus. Zwölf gibt es insgesamt, so daß wir noch zwei vor uns haben. Im nächsten Haus, im elften also, haben wir es mit einem Bewohner zu tun, der regelmäßig ausgiebige Parties feiert und die Nächte mit lautem Lärm erfüllt. Auf Vorhaltungen der Nachbarn reagiert er mit den Worten: »Dies ist eine Wohltätigkeitsveranstaltung zugunsten der Aktion Sorgenkind, und der Erlös fließt dem Müttergenesungswerk zu. Noch Fragen?« Wenn Sie mehr wissen wollen, so müssen Sie sich das nächste Buch kaufen — es handelt vom Wassermann.

15
Noch mehr berühmte Steinböcke

Duden, Konrad — 3.1.1829: avantgardistischer deutscher Schriftsteller. Bewies in zahlreichen Werken, daß ein Buch völlig ohne Handlung auskommt, wenn man alle Worte nur richtig untereinanderschreibt und auf die Trennung achtet. Duden (von seinen Anhängern »der Große Duden«) genannt) machte Furore mit seiner apodiktischen These: st wird nie getrennt! und erreichte daraufhin schnell hohe Auflagen. Er lebt fort in dem heute noch gern benutzten Ausspruch: »Was weiß Duden?«

Miller, Henry — 26.12.1891: amerikanischer Ingenieur und Erfinder des Wendekreises. Vor Miller mußte man Autos immer anheben und in die gewünschte Fahrtrichtung stellen, was besonders bei totalen Kehrtwendungen in Sackgassen mühsam war, so daß viele Leute ganz aufs Auto verzichteten. Erst mit Millers Erfindung des radikalen Lenkeinschlags war der Wendekreis möglich, und das Auto konnte seinen bekannten Siegeszug antreten.

Millowitsch, Willy — 8.1.1909: Deutscher Bühnenschauspieler. Spezialisiert auf die Darstellung komplexer und tiefgründiger Charaktere. Berühmt vor allem durch die Auslotung der Rolle des Herrn Dittchens in dem absurden Avantgarde-Stück »Die spanische Fliege« des surrealistischen Autorenteams Arnold und Bach. Millowitsch, auch hier ein typischer Steinbock, hat sich von Anfang an ferngehalten von allen leichten und mehr der Unterhaltung verpflichteten Stücken und gilt neben Buster Keaton als der einzige Schauspieler, der niemals gelacht hat.

Pasteur, Louis — 27.12.1822 (deutsch: Ludwig Seelsorger): franz. Geistlicher. Erfand das Haltbarmachen von Milch durch konzentrierte Wärmezufuhr. Pasteur stieß auf diese Methode, indem er durch Zufall darauf kam, daß Milch, die sich auf dem Tisch befand, an dem »hitzige Diskussionen über Glaubensfragen« geführt wurden, deutlich länger hielt als andere. Am Anfang beschränkte sich Pasteur ganz auf sehr konzentriert geführte »heiße Auseinandersetzungen mit stark kontroversen Gegnern«, um größere Mengen Milch zu sterilisieren, später entdeckte er, daß man den gleichen Effekt auch mittels Hitze aus dem Ofen erzielen konnte, und wurde wieder zu einem sanftmütigen Seelenhirten. Heute ist pasteurisierte Milch aus unserem Leben nicht mehr wegzudenken, vor allem nicht aus dem der Milchtrinker.

Ranke, Leopold v. — 21.12.1795: deutscher Gartenarchitekt und Erfinder der domestizierten Kletterpflanze. Ranke war der Ansicht, daß auch im Zeichen steigender Grundstückspreise und der daraus folgenden Verkleinerung der Gartenparzellen niemand auf das Grün vorm Haus verzichten sollte. So erfand er den horizontalen Garten, indem er das Grün am Haus emporwachsen ließ. Ranke stand hier im Wettstreit mit Moritz Schreber, der den gleichnamigen Garten erfand. »Viel zu weit draußen«, soll er gesagt haben, »die Leute tragen sich ja tot an Bierkästen.«

Schell, Maria — 15.1.1926: Schweizer Schauspielerin und Erfinderin der »deutlich und sichtbar unterdrückten Träne«. M. Schell war der Überzeugung, daß heftiges Weinen bei einer Abschiedsszene den Gehenden deprimieren könne, erfolgreiches Unterdrücken der Tränen aber ebenfalls. So entwickelte sie eine Mischform, in welcher der Partner erkennt, daß man sowohl versucht, Tränen zu unterdrücken, als auch Tränen zu unterdrücken hat, um dadurch dem andern anzuzeigen, daß man über das Scheiden traurig ist, ihn aber nicht traurig machen möchte, so daß er beschwingt seiner Wege gehen kann. Maria Schell hat in ihrer Autobiografie »Wer wird denn weinen, wenn es keiner sieht?« diese Technik auf den Seiten 7 bis 319 anschaulich beschrieben.

Wichtige Begriffe und Namen

ASTRO-LOGISCHES

von Günter Stein

Je 128 Seiten mit zahlreichen Illustrationen bekannter Karikaturisten

I ♥ . . .

Widder	*Waagen*
Stiere	*Skorpione*
Zwillinge	*Schützen*
Krebse	*Steinböcke*
Löwen	*Wassermänner*
Jungfrauen	*Fische*

Günter Stein gelingt es mit jedem Band von neuem, dem Thema Astrologie andere überraschende Seiten abzugewinnen.
Kongeniale Illustrationen lassen jedes einzelne Buch zu einem kleinen Meisterwerk werden.